調査報道がジャーナリズムを変える

Investigative Reporting

田島泰彦
山本博
原寿雄
編

花伝社

調査報道がジャーナリズムを変える◆目次

目　次

はじめに

本書は、メディアやジャーナリズムで重要な役割を担う「調査報道」について最新の取り組みを報告するとともに、さまざまな角度からその意義や可能性を考察しようとするものである。

調査報道とは、政府・官庁や大企業などによる発表情報をそのまま伝えるというスタイル（「発表報道」）ではなく、生起する重要な事実をジャーナリストやメディアが独自に取材、調査し、報道する手法のことを指しているが、ジャーナリズムは発表報道に安易に依存し、権力監視の機能が衰退しているのではないかという厳しい批判も向けられてきた。これを克服して、ジャーナリズムが本来の逞しく、活力に満ちた姿を取り戻すためにも、メディアの内外で調査報道の役割が期待されている。

にもかかわらず、このたびの3・11東日本大震災に起因する福島原発事故をめぐっては、メインストリームメディアを舞台にかつての「大本営発表」報道と見まがいかねない発表報道がまかり通り、調査報道はきわめて少ないと言わざるを得ず、ジャーナリズムの危機的な現実が改めて露になった。

調査報道については、これまでもすぐれた論考や著作が積み重ねられてきたが、少なくとも単行本レベルでは、調査報道の担い手による体験に基づく成果（本書の編者の一人である山本による『朝日新聞の「調査報道」』小学館文庫など）を除くと、調査報道に関するまとまった書籍はほとんどなかった。

そういうなか、さまざまな分野、領域の第一線で調査報道を切り開き、すぐれた成果を生み出してきた現場のジャーナリストたちからの最新の報告を収録した第Ⅰ部「調査報道の実際」と、調査報道に深い関心を寄せてきたジャーナリストや研究者からジャーナリズムの観点から調査報道をめぐる論点、問題点、課題を提示した第Ⅱ部「調査報道の可能性とジャーナリズム」からなる本書が刊行されることは、先駆的な試みとして貴重な問題提起になると確信する。

なお、この企画のベースとなったのは、編者の一人である田島がコーディネーターを務め、本書第Ⅰ部の筆者たちを講師とした上智大学新聞学科の二〇一〇年春学期開講の「調査報道の可能性――ジャーナリズムの再生に向けて」（科目名「ジャーナリズム特殊Ⅰ」）という講義である。講義ではいくつもの刺激的な提起がなされ、学生にも好評であり、そのままで終わらせることなく何らかの形で公表の機会があればと考えた。

講義の講師だけでなく新たな筆者も少なからず加わり、論考もより深く、広く充実することができた本書の刊行により、受講した学生たちだけでなく、ジャーナリズムやメディアに関心を抱く学生、市民、ジャーナリスト、研究者などに講義の趣旨が広げられることをうれしく思う。刊行にあたり、厳しい出版事情のなか本書の編集を進めてくれた花伝社の柴田章氏と出版を決断して頂いた平田勝社長に深くお礼を申し上げたい。

二〇一一年四月

編者を代表して　田島泰彦

第Ⅰ部　調査報道の実際

第1章　犯罪と冤罪にせまる
――桶川ストーカー事件・足利事件――

日本テレビ記者　清水　潔

事件、事故、災害。それらの情報が最も集まる場所はおそらく警察だ。そこで「事件記者」と呼ばれる人たちは、事が起きれば警察に集まる。広報や副署長などから取材を行うのだ。あるいは「朝駆け」「夜回り」と捜査幹部などの官舎や自宅を訪ねたりもする。時には検察官にも取材を行う。それは各社同じネタの場合もあるし、何かの拍子でスクープとなったりもする。

現場の様子やら捜査の進捗など、大方の場合、聞かされるその内容は事実なのであろう。だがもしその情報に何らかの事情で歪みが生じた場合、調査報道の経験が少ない記者は、その真贋を見極めることができるだろうか。自分の判断力で記事を書くことができればジャーナリスト。聞いたことをそのまま「警察によれば……という」と書くのなら、その肩書きはどうやら「警察記者」の方がなじむ。

今回は、私が経験した二つの事件取材を通し、調査報道の実情を紹介したい。

１　「桶川ストーカー殺人事件」——捜査はせずに情報を操作

「ストーカーと警察に殺された」

一九九九年一〇月、埼玉県のＪＲ桶川駅前で女子大生、猪野詩織さんが刺殺された。犯人は現場から逃走。埼玉県警上尾署に捜査本部が設置された。白昼、駅前で刺された二一歳の美人女子大生。マスコミは飛びつき、記者たちは上尾署に詰めかけた。会見で捜査幹部から一通りの内容が伝えられた後、なぜか話は女子大生の服装や所持品に及んだという。〝黒いミニスカート、厚底ブーツにプラダのリュック、グッチの時計……〟。日頃、内容を秘匿したがる警察にしては、妙に細かい情報だった。

さらに、記者たちが夜回りをかけた県警幹部は「あれは風俗嬢のＢ級事件だからね」「プレゼントをねだった女子大生のトラブルだ」と伝えたと言う。

〝さあ、皆さん何を書きますか？〟と謎かけをするような警察の発表と、ささやきに翻弄された記者たち。犯人は逃亡し、取材先のない各社の記事は、被害者の詩織さんに向かった。現在では、考え難い見出しが踊った。〈刺殺された風俗嬢女子大生〉〈ブランド依存症〉と言った活字が並び、電波に乗ったのだ。それはまだ「報道被害」という言葉すら定着していない頃の出来事だった。

当時、私は写真週刊誌『ＦＯＣＵＳ』（二〇〇一年休刊）の記者で、記者クラブにも所属しておらず会見には入れなかった。警察からは「クラブ員以外の取材には応じられないんですよ」とはっきりと拒否されたし、遺族は全ての取材を拒否していた。私ができることと言えば、現場にいた目撃者から様子を聞いたり、詩織さんの友人を探すことぐらいだった。そんな中で、二人の友人が私の取材に応じてくれた。その友だちは詩織さんが殺害事件に巻き込まれていく経緯を、詳細に知っていたのだ。だが、二人は何かに怯えていて、話を他人に聞かれるのを恐れた。そこで私は、カラオケボックスで取材をした。

「今の報道はみんな嘘です。詩織はストーカーと警察に殺されたんです」手を震わせながら話す友人の話は、迫りくる力があった。

詩織さんは、一時交際した男からストーカー行為や、いやがらせを受けていたこと。追い詰められた彼女は、命の危険まで感じていて「私が殺されたら、犯人はこの男」「全部メモをしておいて」と、まるで「遺言」のように話を伝えていたのである。その話は、警察が記者にささやいた情報や、既報の記事とは、全く違うものだった。

私は、友人たちの〝告発〟を糸口として取材を始めた。話の裏取りをし、事件の深層に迫るべく記事の連載を始めたのだ。

詩織さんは、風俗嬢などではなく、どこにでもいる普通のお嬢さんであったこと。詩織さんを脅かし続けていたストーカーは、複数の手下まで使い、グループでさまざまないやがらせを続けていた。詩織さんと父親を誹謗中傷した一〇〇〇通を超える大量の手紙を、父親の会社に送りつけた。自宅の周辺や学校には、詩織さんの写真を印刷した大量のビラを貼ったりと、その組織力は半端ではなかった。見知らぬ男に尾行されたり、別れたいと言えば、ストーカー男を含む三人の男に、家にまで押しかけられた。ストーカー男に「おまえは二〇〇〇年は迎えられないんだ」と脅され、詩織さんは、命の危険を感じ、上尾署に駆け込んだ。後に、殺人事件の捜査本部が置かれることになる警察署だ。

だが、上尾署の対応は、つれなかった。「ダメダメ、これは事件にならないよ」「男と女の問題だから、警察は立ち入れないんだよね」などと、彼女を突き放した。いやがらせの手紙を見せても「ほぉ、いい紙使ってますね」と笑って、取り合おうとしなかったという。それでも、身に迫る危険を感じていた詩織さんは、「このままでは、殺されます。助けてください」と、何度も上尾署に通い、ついには名誉毀損での告訴状を提出した。警察は、それを受理したものの、実際は、ほとんど何の捜査もしなかった。そして事件の日をむかえ、詩織さんは殺害されたのだ……。

その時点で、事件までの経緯を知っていたのは、警察と遺族、そして詩織さんの友人のごく一部だけだ。

「告訴状」は「被害届け」と違って、受理した以上は、捜査を行わなければならない。報告義務も厳しい。それを捜査せずに放置したあげくに起こった事件。上尾署にとってこの事実は隠しておきたい爆弾だった。記者会見ではこれを曖昧にした。多くの記者を前に「本年七月頃、名誉毀損的な〝被害届〟を被害者から受理しています」と説明していたのである。

警察は、事件が発生するまでは、詩織さんの訴えを無視したにも関わらず、事件後は豹変。詩織さんの家に刑事を常駐させた。それは遺族の警備とケア……という説明だったというが、事実上これで遺族とマスコミは分断された。

遺族にしても、警察は信頼できないが、娘の名誉をずたずたにしたマスコミは、なおさら許せなかった。遺族から見れば、当時の報道はストーカーがばらまいたビラや手紙と、何ら変わらなかったからだ。そんな中、ストーカーグループに焦点を当てた私の連載は、独自報道と言えたが、反面孤立したものでもあった。警察は、私の記事に対し完全に無視を決め込んだ。

犯人をつきとめる

犯人が逮捕されれば、詩織さんの告訴状を放置していた事実が問題になる事件。そんな状態で、警察が積極的に事件捜査をするかどうか、疑問を感じた私は、自ら事件の犯人捜しを始めた。

現場で目撃された刺殺犯は、身長一七〇センチで小太りの三〇代。一方、ストーカー男の身長は一八〇センチで細身の二〇代と、目撃と一致しなかった。

詩織さんの「遺言」を頼りに、ストーカー男の仕事場を探した。最初は車のセールスマンと言って詩織さんに近づいたその男は、じつは池袋の風俗店の経営者だった。複雑な人間関係を追い続け、ようやくストーカー男の部下「K」という男が実行犯とぴったりの条件であることを割り出した。私はそのKを探し続け、関係先をカメラマンと張り込み、撮影に成功した。

だが、詩織さんの「遺言」を聞いてしまった私は、それを単にスクープとして報じることはできなかった。逮捕前に写真を掲載すれば、ストーカーグループが逃走する可能性がある。私は、悩んだ末、一週間、写真の掲載を見合わせた。そして、なんとかこの情報を、警察に伝えなければならないと考えた。だが、記者クラブ員でないという理由を並べ立て、上尾署幹部は、私との面会すら拒否した。なんとも馬鹿げた話だ。やむを得ず、私は親しい新聞記者、高橋秀樹を通じ情報を県警に伝えた。もちろんその目的は、事件の解決だ。

だが、捜査本部のある上尾署はこの情報をどう思ったのだろうか。何しろその犯人は、詩織さんがこれまで「殺される」と名指ししていたストーカー男の手下だ。逮捕すれば、詩織さんの遺言どおりになり、隠し続けた真実が明らかになってしまう……。処置に困ったのではないか。

我々、素人が撮影に成功したその男を、警察はなかなか逮捕しなかった。進まぬ捜査に対し次第に不信を覚えた私は、ついにその事実とストーカーたちの写真を掲載することに決めた。事件解決に向けてできる最後の誠意として、締め切り前日に上尾署に乗り込んだ。記事を掲載することを通告したのだ。だが、もちろんこの日も取材拒否。私はやむを得ず、署の受付で幹部が座っている奥に向かって怒鳴った。

「取材ではありません。来週発売の『ＦＯＣＵＳ』で容疑者について重大な記事を掲載します。内容はすでに捜査本部が十分にご承知のはずです……」なんとも馬鹿げた話だが、これらは全て事実である。

警察の告訴取り下げ要請疑惑

殺害実行犯Kを含む、共犯の四人の男が逮捕されたのは、その直後のことだ。まさに、雑誌発売直前の出来事だった。だが、犯人逮捕だけでは、真の問題解決にはならない。事件前の詩織さんに対する警察の対応は、大きな問題と確信した私は、警察と正面から対峙した。

私は、詩織さんの遺言として、こんな話も聞いていた。刺殺事件が起きる前に、刑事が詩織さんの家に来て「告訴状を取り下げてくれないか」と、言ったという。詩織さんは、その言葉を聞いて絶望した。やっとの思いで受理してもらった告訴状。これで助けてもらえると、思った矢先に、警察が再び突き放そうとしている……。

「告訴取り下げ要請」。高橋記者が、この話を上尾署に確認すると、「そんな刑事はウチにはいません。それはストーカーの仕業、ニセ刑事じゃないの」と説明をした。いったんは私もそれを信じた。だが、一方で、若干の違和感も覚えた。刑事を名乗るストーカー……。本当にそこまでするのだろうか。真実が知りたかった。

各社同様、断られるのを覚悟で、私は詩織さんの遺族に取材を申し込んだ。他に確認する方法が考えられなかったからだ。すると私は意外な返事を受けた。詩織さんの家族の取材ができたのである。

それまで詩織さんの「遺言」を書き続けた私は、警察発の詩織さんについてのネガティブ情報には、全く触れなかった。〝美人女子大生の裏側〟と言った記事が大合唱される中で、それは異色の週刊誌記事とも言えたかもしれない。その記事を、私に話をしてくれた詩織さんのあの二人の友人が読んでいたのだ。そして《信頼できる記者の人がいる》と、私の知らぬうちに、遺族に話をしていてくれたのである。

そんな経緯で、私は両親から取材ができる、唯一の記者となった。私は刑事の不在の時間に、詩織さんの家を訪問し、取材を繰り返した。すると、いくつもの事実が判明したのだ。

告訴状を取り下げ依頼に来た「ニセ刑事」は、ニセ者などではなかった……。本物の刑事。それどころか、上尾署で詩織さんの告訴状の調書を書いたその本人だった。そして、その刑事がはっきりと「告訴を取り下げてもらえないか」と言ったという。だが、警察はこれまで「それはニセ刑事」と記者に説明していたのである。

強い権力を持つ組織こそ、防衛本能も強い。それを思い知った私は、それ以来「自分で直接見たものと、聞いたこと」だけを信じ、記事を書くことに決めた。

私は、事件前、命の危険を感じた詩織さんが、告訴状を出していたが、警察は放置したあげく、取り下げ依頼をし、事件が起きたこと、など捜査の怠慢を書き続けた。

だが、遺族の取材はできず、警察情報を重視する警察記者たちは、「上尾署によれば……」という記事を書き続けていた。詩織さんの遺言と、遺族の訴えを書いた私の雑誌記事。警察の釈明と弁解を並べた新聞やテレビ。その二つはあまりに相違するものだった。

事件から五ヵ月後、マスコミ不信から沈黙を守ってきた詩織さんの父親が、ついに記者会見を行った。多くのクラブ記者を前に、

「告訴を取り下げてもらえないか、と言われた。娘が殺されるまでの上尾署の対応には全く納得していない」そうはっきりと伝えたのだ。

〝遺族の取材ができないから……〟今まで、そんな立場を取ってきた記者たち。これで「遺族によれば……」という大きな記事が紙面を飾るのだろうと、私は思った。だが、実際は埼玉県版か、あるいは小さなベタ記事や、ローカルニュースにしかならなかったのである。

いったいなぜなのか。

これが警察記者の、致命的な構造欠陥だ。日頃、警察官に取材を受けてもらい、時にネタの一つも頂戴する記者たちは、警察が裏書きしてくれる小切手しか使えない。その絶対条件から離れられないのだ。逆に「警察によると」と書ける記事ならば、それが誤りでも責任は取らずにすむ。ジャーナリズムとしてあまりに貧困な姿勢で、日々記事は書かれている。この事件のように、警察批判となる記事はなおさらだった。ようやく、遺族の話が聞けたら聞けたで、今度はそれを警察に当てに行く。そこで警察から否定されれば、記事の扱いは小さくなるのだ。「あの遺族はちょっと、エキセントリックなんだよなあ」と言われれば、それが正解となる。もちろんその根底にあるのは取材不足だ。

当局は、自分たちに都合がよいことだけを広報する。あるいはそっと記者にささやく。それは情報を流した方が、自分たちにとって、有利な展開になる場合だったり、むずかしい事件を解決した手柄話や、検挙率が上がった統計だったりする。

だがそれでは、記者はどこからか流れてくる「情報」という水を運ぶ水道管で、メディアはただの蛇口ではないか。国民が口にするその水は、どんな水なのか見極めることもしない記者と「水道の水だから大丈夫だろう」と、垂れ流しを信じる読者。〝国民の知る権利に答える〟という、報道の責務はどうなるのか。ジャーナリストならば、綿密な取材を重ね、水を選別することこそが仕事ではないのか？　私は、桶川事件を取材していて、ずっとそんなことを考えていた。

その頃、私が報じていたのは、警察の怠慢捜査がストーカーを放置し、最悪の結果を招いたのではないかという問題だ。つまり、この時点で、警察に対する取材の意味合いは、〝殺人事件の捜査情報を得る〟ためではなく、〝警察そのものが取材対象〟ということになる。だが、その当事者に取材を申し込めば「クラブに所属していない記者の取材には応じられない」とお話しにならない回答をしてくる。しかも「他社がうるさいんですよ」とクラブ加盟社に責任を転嫁する言葉までつけ加えていた。「告訴取り下げ要請疑惑」。私は、一人記事を書き続けた。

孤立した状態の私と、記事を援護してくれたのは、やはり記者クラブと直接縁のない民放の番組だった。テレビ朝日「ザ・スクープ」のキャスター（当時）鳥越俊太郎氏や、ＴＢＳのレポーターたちが怠慢捜査の問題点を、つぎつぎとオンエアしてくれたのだ。

そんな番組を見た民主党女性議員が「これは大変な問題」と認識した。彼女は、国会の予算委員会で、私が書いた記事をそのまま読み上げた。ＮＨＫが全国中継する中「《ダメダメ、これは事件にならないよ》《男と女の問題だから、警察は立ち入れないんだよね》これは事実なのでしょうか？」と、刑事局長に詰め寄ったのである。

この日を境に、事態は大きく動き出した。埼玉県警の内部調査が始まったのだ。そしてその結果は、想像をはるかに凌駕するものだった。

刑事自身が〝告訴状〟を〝被害届け〟に書き直していたことが判明したのである。もはや「告訴取り下げを要請」どころの話ではなかった。勝手に告訴調書の〝告訴〟の文字に、二本線を引き〝届け〟に改ざんしていたのだ。当然ながら、これは刑事事件となり、三人の警察官が起訴された。また、県警本部長を含めた一一人が処分されるという、前代未聞の事態を迎えたのだ。

会見で、県警本部長や刑事部長などがそろって頭を下げたとたん、クラブの記者たちは手のひらを返したように、一面トップの記事を書き続け、警察叩きが始まった。遺族がどんなに訴えても、それはほとんど無視されるが、警察が認めれば報道するという、記者たちの姿勢は最後まで貫かれたのだ。

なぜクラブ記者たちは、自分で取材し、調べ報じようとしないのか。取材力低下だけではなく、そこに根本的な問題がある。自身では綿密な取材も行うが、クラブ記者経験もある前出の高橋記者はこう説明する。

「記者にとって寄りどころは大義です。それが、警察官なわけです。取材先がしゃべることが『真実』で、そこに、自己検証ができない記者たちの落とし穴があります」

そして、そこにはとにかくネタが欲しいという記者の打算も存在するという。

「特ダネを書いて誉められたい、次の肩書きへのステップにしたいという気持ちです。しかし多くの記者は、何も考えずに『他社を出し抜く』ために取材をしていますし、そう義務づけられてます」という。大手メディア記者のほとんどが「会社員」という立場で、仕事をしているという現実も無視することはできないだろう。

この一連の報道後、ある新聞記者からこんな指摘を受けたことがある。《犯人捜しは記者の仕事ではない……》。まさにおっしゃる通り。だがそれは、警察が警察として正しく機能している前提での話で、残念ながらこの事件には当てはまらない。そして、そもそも私が行ったことは、〝犯人捜し〟ではない。真相を求める調査報道だ。

2 「足利事件」――国家に殺人犯にされた男――

警察や検察、裁判所にはまちがいや嘘はない。そんな基盤の上で、発表報道は行われている。だが、残念ながら人間が行うことにミスが皆無なはずはない。司法がそろって過ちを認め、頭を下げた事件。それが「足利事件」だ。

無期懲役が確定し、千葉刑務所に収監されていた菅家利和さん。彼は冤罪ではないのか……。その観点から取材を始めた私は、一年以上に及ぶ長期キャンペーン報道を続けた。その結果、再審裁判により判決はひっくり返り、菅家さんは無罪となった……。

なぜ足利事件だけが解決したのか

二〇〇一年、『ＦＯＣＵＳ』が休刊となり、私は出版社から日本テレビに所属を変えた。新しい職場でもいっさいの記者クラブに属さず、同じスタイルの取材を続けていた。

二〇〇七年になり「ＡＣＴＩＯＮ」という報道特別番組が企画された。これはいくつかのテーマを決め、複数のニュース番組を合体、あるいは横断して一年間オンエアする。〝日本を動かすプロジェクト〟というものだ。

私が提案したのは未解決事件。当時はほとんど知られてなかったが、北関東で続いていた幼女誘拐・殺人事件があった。足利事件の冤罪報道は、その中の一つの要素だった。

実はこの企画は私の「推理」からはじまった。

雑誌記者時代に取材をした「横山ゆかりちゃん誘拐事件」がずっと心に残っていた。一九九六年に、群馬県太田市のパチンコ店から四歳の女の子が誘拐された事件だ。店内の防犯カメラには、野球帽にサングラスをかけた男が映されていた。男は、ゆかりちゃんと親しげに話をしている。その後、二人は姿を消した。その映像は日本中に公開されたが、今もって男も、ゆかりちゃんの行方もわからない。

取材を始めると、栃木県足利市でも、同じようにパチンコ店から四歳の女の子が誘拐され、殺害されていたことを知る。それが「足利事件」だった。群馬県と栃木県。県は違うものの、二つの市は隣町だ。しかも、現場の距離は一一キロしか離れていない。

取材を進めていくと、周辺では類似の事件が更に連続していた。足利市内で三件。群馬県内で二件。二〇キロ圏という範囲で計五件もの幼女誘拐事件が発生していたのだ。そのうちの四人が殺害されており、パチンコ店での誘拐が三件、河川敷への遺体遺棄が三件、発生日は休日が多いなど、手口や状況も似ていた。

《同一犯による連続事件なのではないか》私はそう推理してみたのである。

だが、この推理には致命的な欠陥があった。五件の事件のうち、足利事件だけが、菅家さん逮捕で〝解決〟していたからだ。これでは同一犯説は成り立たない。その一方で、五件目の事件は菅家さんの逮捕の後に起きているのだ……。ならば、逆に考えれば菅家さんが誤認逮捕されたために、これまで連続事件としての見立てがされなかったのではないか、とも言える。

「菅家さんは本当に犯人なのか？」全てはここから始まった。

足利事件は一九九〇年五月に発生した。父親に連れられて、足利市内のパチンコ店に来ていた松田真実ちゃんが行方不明となった。翌朝、近くの渡良瀬川の中州から、遺体となって発見。犯人は現場から逃走していた。

足利市内で連続した三件目の幼女殺人事件だった。混迷する捜査の果て、発生から一年半後に、栃木県警が逮捕したのが元幼稚園バスの運転手、菅家さんだった。

逮捕の根拠は「自供」と「ＤＮＡ鑑定」。遺体発見現場に残されていた、被害者のシャツに付着していた犯人の精液のＤＮＡ型が、菅家さんのと一致した、とされた。それを根拠に、早朝から任意同行された菅家さんは、丸一日の間、強引な取り調べを受け、自供に追い込まれた。刑事に髪をつかまれ《馬鹿づらしてるな》と怒鳴られたり、脛を蹴飛ばされたりしたという。

自供後も厳しい取り調べは続き、やけになった菅家さんは、足利市内で起きていた三件の事件を、全て自供してしまった。

逮捕当時の新聞は、警察発表を鵜呑みしたものだった。《幼女に執着、幼稚園に》《「まじめ」の裏に病理ひそむ」》と、菅家さんを犯人と決めつけた見出しが並んでいた。

だが、菅家さんは、真実ちゃん殺害事件の一件しか起訴されなかった。自供は曖昧で、証拠は不十分だったからだ。それでも、栃木県警は《三件とも菅家の犯行で、事件は全て解決した》と胸を張った。

冤罪を訴えた菅家さん

菅家さんは、一審の途中から無実を訴えたが、最高裁で無期懲役が確定し、事件は決着済みとなっていた。千葉刑務所に収監された菅家さんは、再審請求を行っていた。私は、直接の取材を試みたが、法務省は確定囚との面会を認めない。獄中との文通だけが取材の糸口だった。

書簡の中で、菅家さんは冤罪を訴え《もう一度、ＤＮＡ鑑定をしてくれればわかります》と、強くＤＮＡ再鑑定を希望していた。そしてまた《真犯人は別にいます》とも書いていた。

絶対とされていたＤＮＡ鑑定。

だが専門家や、弁護士などに取材を重ねると、足利事件当時のＤＮＡ鑑定は、まだ初期のもので、その精度や問題点を指摘する声も多かった。しかし、警察、検察、そしてマスコミも「ＤＮＡ鑑定は絶対」を盲信していた。

やむを得ず、取材は、菅家さんが追い込まれた自供の検証に重点を置いた。もしその自供が作られたものならば、必ず矛盾が生じているはずだ。大量の調書を、暗記する程に読み込んだ。東京から足利に通い続け、現場を踏み、人を探して取材をした。

次第に判明したのは、菅家さんの供述内容は具体性に乏しく「犯人しか知り得ない事実」＝秘密の暴露もなかった。事件当日のパチンコ店周辺で、菅家さんを見たという目撃者もおらず、警察も、供述の裏付けは取れていなかった。

例えば、自供では、菅家さんは真実ちゃんに「自転車に乗るかい？」と声をかけ、自分の自転車の荷台に真実ちゃんを乗せて、河川敷まで誘拐し殺害した、ということになっていた。それは裁判でも事実認定されていた。

だが、私が取材を進めると、まだ四歳の真実ちゃんは、子供が座る専用のカゴがない自転車には乗れなかったことがわかった。そんな基本的な事実が、事件から一七年も経った後の取材で、なぜ判明したのか。それは真実ちゃんの遺族が、初めて記者の取材に応じてくれたからだ。

取材に応じてくれた遺族

事件発生直後、マスコミに追い回された両親。一人娘を突然奪われるという、途方もない悲しみの中で、記者やカメラマンに包囲され一歩も家から出られなくなった。外に干された洗濯物も取り込むことができず一〇日以上もそのままになっていた。通夜や葬儀でも遠慮なくフラッシュが飛んだ。まさに報道被害の嵐だ。そんな辛い経験から、遠い地に何度も転居を重ね、ひっそりと暮らしていた。

私は終わったはずのこの事件を報じようとしていた。遺族にとっては古傷をえぐることになる。だからこそ、どうしても理解と承認は必要と考えた。被害者である真実ちゃんの名前や写真も報じるからだ。可能な限り、報道被害は排除する。だが取材の放棄はできない。

〝一番の弱者の声を聞け〟それが自分の取材に課した共通の決めごとだ。この事件であれば、それは、たった四歳で殺害された真実ちゃんであり、その想いを代弁できるのは母親しかいない。

行方もわからなかった遺族を、私は捜し続けた。捜査権がない記者は、当然ながら住民票や戸籍などを見ることなどできない。手作業と足で探すしかない。私は、まず事件当時の資料を、可能な限り調べた。そして、松田さんの知人を捜し出し、手紙の転送をお願いした。誠意を込めた手紙を綴るしか方法はない。今にも途切れそうな細い糸。それを繰るような作業の果て、私の携帯電話に母親の松田ひとみさんから非通知の着信があったのは、二〇〇七年の秋だった。だが、それは、取材の承諾などではなく抗議に近いものだった。母親は言った。

「終わった事件を、なぜ今さら取材するんですか……」

もどかしい電話でのやりとり。私自身、上手に話せないジレンマを感じながらも、説明を重ねた。その結果、松田さんは私と会ってくれることになった。

初めて会ったのは、郊外のファミリーレストラン。

娘を殺害された遺族と、その容疑で逮捕された男の冤罪を報じようとする記者。

「何を今さらですか」松田さんは、正面から私を非難した。

「今頃、私が話をしても、何も変わらないんじゃないですか？　犯人は、もう逮捕されたんでしょう、何で、まだ取材しているんですか？」

私は正直に、考えを伝えるしかない。

私「逮捕された菅家氏が、冤罪を訴えているんです……」
母「そんなこと……今さら……　私は、その男が、犯人と信じてますよ」
私「ええ、当初は自供をしました」
母「『真美を連れて行ったと、言ったって』刑事さんから、そう聞きましたよ」

私「ええ、自転車に乗せて誘拐したという供述をしました」
母「え？　自転車？　歩いてでしょ？」
私「いえ、荷台に乗せてと」
母「えー、そんなはずないですよ、真美は自転車の荷台になんか乗れませんよ」
私「そうなんですか、四歳でしたね」
母「はい、かごが付いた自転車じゃないと無理ですよ」
私「そのままの荷台に乗せたことは？」
母「私はありません。乗ったことはないと思います」
私「あの、裁判は傍聴されていないですか？」
母「マスコミがいるから行けませんでした。新聞にも、書いてあったのかもしれませんが、知らないです、見たくなかったですから……」

ここに再録した会話は、ごく一部だ。冒頭は、母親から私に対する抗議や質問。だが会話の途中からは、自然に取材になっていた。カメラは回せなくても、多くのことがわかってくる。菅家さんの自供には、やはり無理があった。それは、遺族すら疑問に思う矛盾だ。だが、警察は母親に対して、詳細な犯行内容を伝えていなかった。遺族が初公判を傍聴するため、地裁に出向いた際には、刑事はこう言ったという。《マスコミがたくさんいますから、法廷に入らずこのまま帰った方がいい》。事件後、マスコミに追われプライバシーまで暴かれた夫婦は、素直にその言葉に従ったという。

母親は、菅家さんの供述や、判決内容を私から聞くことになった。矛盾や捜査の不自然さ。彼女が感じたいくつかの疑問は、やがてテレビカメラの前に立つ勇気へと変わっていった。そして、ついに事件から一七年目に、遺族は私と現場に同行してくれた。

私は、事件に使われたとされてきた菅家さんの自転車の実物を借りてきて、真実ちゃんを乗せたとされる現場で母親に見てもらった。

「この荷台に、そのまま乗ったんですか？　それは無理だと思います」。母親の疑問は、自転車を見たとたん確信に変わっていった。

私は、こんな実験も行った。自転車の荷台に被害者の体重と同じ、一八キロのウエイトを積む。取材チームのスタッフ、杉本純子は、たまたま菅家さんと同じ身長、体重だった。彼女が同じ条件でその自転車をこいでみた。菅家さんの自転車は小径タイヤの小型車だ。すると現場の土手に向かう登り坂で、前輪が浮きかけ、危険な状態になったのだ。警察も一度やってみれば、疑問に感じたはずの結果だった。

警察にも取材

当時の栃木県警の幹部や、逮捕した捜査員たちの直接取材も行った。

「菅家は一二〇％犯人にまちがいない、変な報道したら日テレさん大恥かくよ」、「あいつは自供した後、私の膝で四〇分も泣いたんだよ。ズボンは涙でぐっしょりになった」。そんな話は、うんざりするほど聞かされた。私が「警察記者」だったら、その段階で、この企画は終了となっただろう。だが私は、《自分で見たもの、聞いたものしか信用しない》ということを桶川事件の取材で学習していた。根拠のない説明など、全く響かない。刑事たちの話の根っこは、DNA鑑定以外は全て「カン」にすぎなかったからだ。それなら私の「推理」と同レベルだ。

例えば、捜査幹部に「菅家さんはロリコン趣味だったのか？」と、改めて尋ねた。すると「ガサ（捜索）の結果もいろんなものが出てきたからね。ロリコンのビデオとか」と言う。だが、県警が押収したビデオを詳しく調べていくと、その中にはロリコンビデオは一本も入っていない。それを指摘すると、今度は「だって殺害した相手は、みな幼稚園や保育園だから。三人とも幼女だよ」と言い放った。これでは、カンどころか根拠と結論が逆だ。

人の紹介で、退官した警視庁幹部に意見を聞きに行ったこともある。足利事件の資料を用意し、細かく読んでもらったが、一週間後に出された結果は「これはまちがいなく犯人です」と、きっぱりと言い切られてしまった。「冤罪事件などではない」と一刀両断されたのだ。

確定判決とDNA鑑定。不利な状況は、揺らぎそうになかったが、自分の取材では、納得できない矛盾だらけだ。そして、そこにはもし事件が冤罪ならば重大な問題が隠蔽されているのだ。これ周辺で続いている連続事件は、全てが未解決となり、再発の可能性も否定できないからだ。これは放置できない問題だった。

検証やロケを続け、私が足利の現場に通った回数は一〇〇回を超えた。取材を重ね、私が出した結論。それは〝捜査は杜撰、自供は創作〟というものだった。苦戦を覚悟で、私は「冤罪報道」という泥沼に、自ら足を踏み入れる覚悟を決めた。

冤罪報道を開始

「北関東連続幼女誘拐・殺人事件」そう命名し、より多角的な取材と報道を開始した。

その派手なタイトルは、番組のプラン会議では、注目を浴びたものの、社会部などのクラブ記者からは良い顔をされなかった。そもそも大手マスコミは、冤罪報道は避ける。警察や検察と真っ正面からぶつかるうえに、裁判所という「お上」が決めた判決を、真っ向から否定することになるからだ。

「最高裁が間違っているのでは？」「それを言ったらおしまいでしょう……」ということだ。だが、重い扉は、いつか誰かが開けなければならない。それもまた報道の一つの仕事ではないのか。

放送は、二〇〇八年一月の「ＡＣＴＩＯＮ」から始まった。その中で、菅家さんの自供の検証と、ＤＮＡ鑑定の問題点を中心に、冤罪の可能性を報じた。

だが放送直後の二月に、早くも気持ちは打ち砕かれる。菅家さんが宇都宮地裁に訴えていた再審請求が却下されたのだ。キャンペーン開始直後のタイミングはあまりに辛かった。

当然ながら、私は厳しい立場に立たされる。警察や、他社はもちろん〈あんな放送をして、これからどうするつもりなんだ……〉、そんな社内のささやきも、否応なしに聞こえてきた。〈最高裁の確定判決やＤＮＡ鑑定が間違っているはずはない〉、〈万一冤罪でも調査報道でひっくり返すことなど、土台無理〉ということだ。そもそも日本では、重大犯罪で再審が開かれることなど、まずない。

孤立無援。それでも更に取材を続け《ＤＮＡ再鑑定すべし》とキャンペーン報道を続けた。取材により、事件当日、遺体発見現場の河川敷で「ルパン三世」に似た男が、複数の人に目撃されていたことが判った。真実ちゃんが姿を消した、まさにその時間。その男は、幼女と手をつないで歩いて遺体発見現場の方に向かっていたという。八方手を尽くし、目撃者たちを探し出し現場で取材することができた。私はこの「ルパン」こそが真犯人ではないかと考えた。

また、一方で、アメリカでのＤＮＡ鑑定の現実も調べてみた。するとＤＮＡ再鑑定により多くの死刑囚や、無期懲役囚の無罪が証明されていることがわかった。そこで、田中尚ディレクターを現地に派遣し、取材した。殺人罪で無期懲役刑を受けていた受刑者が、ＤＮＡ鑑定により無罪が明らかになり、現在、弁護士になっているというケースまであった。アメリカの一部の州では、受刑者が望めばＤＮＡ鑑定を行う、という法律までも制定されていた。そんな現実を伝えながら、真相を明らかにするため、「足利事件も再鑑定を行うべき」と、念仏を唱えるように報じ続けた。

くつがえったDNA鑑定

放送開始から一〇ヵ月後、菅家さんが再審の特別抗告をしていた東京高裁が、DNA再鑑定を決定した。そして翌年、日本で初めて実施された再鑑定により、犯人のDNAと菅家さんは「不一致」だったことが判明したのである。再鑑定の実施決定と、その結果を速報した。

足利事件に関する報道は、その日を境に大きく変わり始めた。公式にDNA鑑定が不一致であるという結果が発表されると、これまで静観してきた他メディアが、怒濤のごとく足利事件に参入してきた。「勝ち馬に乗る」という言葉があるが、当局がその事実を認めたとたん、「冤罪」を叫び出し、一斉に始まる狂乱報道。それまで全く目も向けなかった渡良瀬川河川敷に、突然カメラを担いだマスコミの集団が集まり始めた。なんら興味すら示していなかった民放記者が「なぜ日本テレビだけ便宜を図るのか」と、真顔で弁護団に抗議をしたという。我々は、ただ長く取材をし、積み重ねた情報を報じていただけだ。その浅ましさ、クラブ根性と特権意識の染みつき具合には、呆然とするしかなかった。

検察も納得の上で始まったDNA再鑑定。だがその結果は予想外だったようだ。再鑑定が不一致ならば、新たな問題が生ずる。それは「ならば、当時のDNA鑑定はまちがいだったのではないか」という当然の疑問だ。それは判例として、足利事件以外の他の事件にも大きな影響を及ぼすからだ。

事件当時、科学警察研究所（以下科警研）で行われたDNA鑑定は「MCT118法」と呼ばれる鑑定法だった。これは染色体の、ある部位に現れる、塩基配列の繰り返し回数を調べるというものだ。

ただし当時の鑑定は、現在のコンピュータ解析による高度な技術とは違い、ゲルと呼ばれる、寒天状の板の中に出現するバンドの位置を、目で読み取るというローテクなものだった。そして、この初期のMCT118は、バンド位置を読む取るスケール（ものさしの一種）に問題があることを数年後に指摘され、使われなくなっていた。このMCT118により、被害者のシャツに残された真犯人のDNA型と、菅家さんの型は共に「18―30」型とされてきた。

再鑑定では、STRという最新の鑑定で、犯人と菅家さんのDNA型が、明らかに違っていたことがわかったのだ。

だが、当時の鑑定が、MCT118で行われたならば、再鑑定でも同じ方法を試すのが科学。そう考えたのが、弁護側推薦の鑑定人、筑波大学の教授だった。そこで教授は、MCT118での鑑定も実施した。ただし解析には、ゲルの目視ではなく、最新のコンピューターを使用した。すると驚くべき事実が浮き彫りとなったのだ。教授の鑑定では、シャツに残されていた真犯人のDNA型は「18―24」だったのである。そして一方の菅家さんは「18―29」だった。これが事実なら、当時の鑑定自体が完全な誤りだったことになる。

「結果が出た時はショックでした。まさか、科警研が間違ったとは思えず、自分の鑑定の問題かと思い、シャツにあるはずの菅家さんの型を探して廻って、四〇〇回以上も鑑定を繰り

返した。しかし、何度やっても結果は同じ」(教授)

だが、検察はMCT118での再鑑定を行おうとしなかった。それどころか、鑑定前には「MCT118部位のDNA鑑定だけを行う鑑定は、無意味であるばかりか有害とすら言える」(検察意見書)と否定すらしている。事件当時は自信たっぷりだった鑑定に対し、なぜかそれを行わないのだ。今になって、なぜここまで当時の鑑定方法を避けるのか。

検察は、科警研と一緒になり、MCT118を行った教授の鑑定を「信用性にかける」と批判。検察側の鑑定人の結果だけで、菅家さんの無罪は証明できるとしたのである。

一方で、検察は水面下で不可思議な行動を起こした。事件当時、捜査に当った栃木県警捜査員のDNA鑑定を行ったという。これは、捜査員の中に「18―24」型がいれば、新たに検出されたDNAは〝真犯人のものではなく、捜査員のものが証拠品に付着したと説明できる……〟ということらしい。

これでは、証拠品の扱いにミスがあった、ということになるわけだが、なんとか「18―24」を消滅させたかったとみえる。さらに、検察は被害者の鑑定を試みた。シャツの所有者である真実ちゃんが「18―24」であればと考えたらしい。検察官は、事件後初めて、真実ちゃんの母親に連絡を取った。そして「今回検出されたDNAは、新しい技術で被害者のものを掘り当ててしまったかもしれない……」として遺族にDNA鑑定の協力を求めた。

母親は、真実ちゃんのへその緒などを提供し鑑定に協力をした。だが、それまで事件は解決したと、言われ続けてきた遺族は、今さらに娘のＤＮＡ鑑定などを始めたことに納得ができない。検察へ不信感を持って当然だ。

「もし菅家さんが無罪であるなら、早く軌道修正をしてほしい。捜査が間違っていたんであれば、ちゃんと謝るべきです。（捜査は）誰が考えたっておかしいでしょう……」母親は、検察官に向き合い、直接そう訴えた。それは遺族までもが、菅家さんの無罪を信じた瞬間であった。

検察が秘密裏に行おうとしていたこの鑑定と、母親の心からの訴えを知った私は、それを電波に乗せた。すると、その放送から四日後、検察は、突然に菅家さんを釈放したのである。

再審前の釈放。これもまた、日本で初めての出来事だった。私は、その釈放の第一報も母親からの電話で知ることになった。「検察から連絡がありまして、今日、菅家さんを釈放するそうです」。

殺人事件の遺族と、受刑者の無実を調べる記者。本来ならどこまで行っても平行線であろうその関係。だが、共通点はあったのだ。それは、真実を知りたいという気持ちだ。

母親が検事に伝えたあの言葉。それが釈放につながったと、後日、検事は母親に伝えた。

一七年ぶりの出所。菅家さんを迎えるため、私はワゴン車で千葉刑務所に向かった。その煉瓦塀の中で、初めて菅家さんと会い握手をした。気が弱そうなその人は、車の中で涙ぐんでいた。

これまで何度も面会を断られ、無念の思いで通り過ぎた正門。そこには、多くの報道陣が脚立を並べ、中継車は衛星アンテナを上げて、頭上にはヘリも旋回している。

混乱が予想されたその後の取材。日本テレビは、千葉市内のホテルのホールを借り、菅家さんの記者会見を設定した。もちろん会見には、クラブ記者であろうがなかろうが、区別なく入ってもらうことにした。大きなホールをぎっしりと埋めた、記者とカメラマン。だが、再鑑定不一致前に、菅家さんの無罪の訴えを書いた記者は、この中に何人いるのだろうか……。

残された謎

菅家さんは釈放され、自由の身となった。しかし、大きな謎は残されたままだった。逮捕のきっかけとなった、あのDNA鑑定は、いったい何だったのか。そして、検察が行った、被害者の鑑定結果とは。シャツから検出された「18—24」は、〝被害者〟か〝犯人〟か、いったいどちらのものなのか？　これはきわめて重大な話だ。連続事件の可能性もある真犯人に迫るために重大な証拠。だが、検察は、その結果を明らかにしようとしなかった。

そこで私は、母親の協力を得て、検察が鑑定したものと同じ、真実ちゃんのへその緒と、母親の口内粘膜を提供して頂き、独自鑑定を実施したのである。

すると、その結果は二人のどちらも「18—24」ではなかったのである。自動的にこのDNA型は、真犯人の可能性が高いということになる。

だが……。この独自鑑定で判明したのは、それだけではなかった。まったく別の疑惑が浮上してきたのである。それはこれまでの足利事件の捜査と裁判の全てを、根幹から覆す可能性を含んでいた。

独自鑑定で判明した型は、真実ちゃんは「18―31」、母親は「30―31」だった。MCT118法は、このように二つの数値の組み合わせで型を表す。だが、直接、血液などの資料を鑑定した場合と違い、シャツのような〝物〟の場合は、複数のDNAが付着する場合もあり、その場合いくつもの数値が検出される。これをコンタミネーション（汚染）という。

そして、そもそもシャツは、被害者・真実ちゃんの物であり、本人や生活を共にする母親のDNAなどが付着することは、きわめて自然だ。つまりシャツには、犯人の精液が付着する前から「18、30、31」というDNA型が付いていた可能性が高いのだ。

問題はここだ。つまり、一七年間、犯人の型とされてきた「18―30」型は、そのまま被害者側の型と同じなのである。

驚くべきことは、まだあった。事件当時のDNA鑑定は、シャツの持ち主である、真実ちゃん自身の鑑定すら行っていなかったということだ。現在のDNA鑑定ならば、被害者や関係者の鑑定を行い、その型を証拠品から引き算するのが常識だ。しかし、初期のこの鑑定では、行われていなかったのだ。

つまり足利事件のDNA鑑定は、もともとが刑事裁判の証拠などになり得ないモノだった。それは、例えて言えば、被害者の血液型がA型の事件で《現場にあったA型の血痕は、犯人の証拠》と言っているのと何ら変わらないからだ。

だが、遺族の鑑定をした検察は、被害者の鑑定をした事実をも封印した。

私は、自分の取材で判明した事実を報じた。だが他社は報じることはできない。当局がその事実を認めないからだ。菅家さんを犯人とした際には、当局はＤＮＡ鑑定技術を絶賛したが、都合が悪くなると知らん顔だったのである。

無罪が確定して

二〇一〇年三月。菅家さんは再審で無罪が確定した。

判決当日、菅家さんに対し、宇都宮地裁の三人の裁判官が法衣を身にまとった姿でそろって頭を下げた。新聞やテレビは、その事実を朝から晩まで報じ続けた。それは、《当局が認めれば書く》という、まさにその象徴だった。

ようやく自由を得た菅家さんだが、今も心からの納得はできない。「無罪判決が出ても、真犯人が見つからなければ私は灰色のまま。証拠があるのだからきちんと捜査してください」と。

北関東で続いた五件の事件は、全てが未解決となった。

判決後、最高検は足利事件の捜査の問題を検証した。その中で、一連の事件について「同一犯人による連続犯行である可能性もうかがわれる状況にあった」と同一犯による連続事件である可能性をようやく認めた。また「河川敷において被害女児らしい女児と一緒に歩いている犯人らしい男を目撃していた者二名が判明しており」と真犯人と考えるべき「ルパン三世」の存在にも触れ、その情報を精査しなかった捜査ミスを認めている。各社は、その発表を受け、ようやく連続事件の可能性を報じ始めた。

私の「推理」が「事実」認識になるまでに二年以上もの月日が流れていた。

同時期、警察庁も捜査の問題点をまとめた報告書を発表した。私は、この報告書の概要を、独自にキャッチしニュースで報じた。それは、同資料が記者クラブで配布される前日のことだった。報じたところが、放送後に日本テレビは警察庁のクラブ出入り禁止二ヵ月という処分を受けた。報じた私はクラブ員ではないし、前記したように情報は、発表前に個人のつながりで入手したものにすぎない。どうやら記者クラブの掟とは、報道や表現の自由まで拘束するものらしい。悲しくなるほどレベルの低い報道現場の現実。ネット、ブログ、ツイッターに若者が流れる中で、こんな自主規制や、もたれあいを続け、相互の情報までもコントロールをし合うメディアに未来があるとは思えない。

日本テレビの足利事件報道は、ストレートニュースを除いた「特番」や「特集」などだけでも五〇回以上に及び、その総放送時間は九時間を越えた。そしてこの調査報道は、未だに終わっていない。連続事件の真犯人「ルパン」が野放しのままだからだ。

「自分たちは警察馬鹿だった……」これは、菅家さん釈放後に、ある警察関係者が漏らした言葉だ。〝DNA鑑定は絶対〟そう信じ、疑うことすらしなかった反省の弁か。だが、冷静に考えてみれば、仮に〝DNA〟は絶対だったとしても、それに〝鑑定〟という言葉が付随した以上、それは人為であり、絶対であるはずはなかった。単なる、当局の都合のよい思い込みだったのだが、それを記者は鵜呑みにして、菅家さんを犯人と決め込み《「まじめ」の裏に病理ひそむ》、などという、記事までも垂れ流してしまった。当局発の情報ならば何を書いても問題にならないのだろうか。前出の高橋記者が指摘する。

「社内の報告では『ネタ元がそう言ってますから』が大義です。どんなに犯人視報道をしても、最後はこの大義で乗り切ります。もし報道に問題があっても『今後は十分な裏付けを取った上で報じるようにします』という検証をして、また翌日から当局取材をする」

また、記者の資質や経験不足にも問題は多いという。

「今、記者は一〇〇パーセント御用聞きしかしていない。当局情報が全てなんです。結果、捜査が間違っていても、嘘をつかれても、それを指摘することができません。へそを曲げられてネタが取れなくなるのが怖いんですね。一〇〇人の記者に聞いたら、一〇〇人とも『真実・真相』の追求は大事だと答えるでしょう。しかし、それは職業倫理であって、そう教育されているからです。では、どうやって追求するか……その答えを持っている記者はきわめて少数です……」

浮き彫りになるのは、やはりただの水道管になり果てた大メディアの惨状だった。

今回紹介した、二つの事件取材。そこには多くの共通点がある。それは一〇年の月日を挟んでも、なんら変わらない報道現場の実情とも言える。

発表や夜回りから得る情報。それは国民の知る権利に答える内容も多い。だが、その発信側に、間違いはないなどとは思わない方がいい。そこにはミスや操作情報も混在しているのだ。官庁でも民間企業でも、自己保身のためならば、真実の隠蔽もする。謝罪会見が開かれるのは、完全にその退路を失った時だけだ。情報をどう報じるのか、それが今、記者に問われているのだ。

「桶川ストーカー事件」の取材で、私は自分の取材と警察発表のあまりの違いに何度も愕然とさせられた。警察官は堂々と嘘をつくことを思い知った。だが、相も変わらず当局の裏書き情報＝真相という構図の上に胡座をかき、現場にも来ない記者はあまりに多い。

残念ながら衰退の極みある日本の調査報道。だが、記者ならば、自分の手で真実をつかもうとすることを、決して諦めてはならない。

第2章　「核密約」を追う——日米盟約の闇——

共同通信社編集委員　太田昌克

核持ち込み密約の疑惑

一九六〇年の日米安全保障条約の改定以来、半世紀もの長きにわたって国民の不信と疑念が、何か濁った澱《よど》みのように沈殿し続けた核持ち込み問題。一九七四年のラロック退役海軍少将の米議会証言や八一年のライシャワー元駐日米大使証言などのたびに、米海軍艦船による核兵器搬入疑惑が国会の場やマスメディアでクローズアップされたが、歴代保守政権は一貫して「(安保改定で新設された) 事前協議の申し出が米側からない限り、核の持ち込みはない」との虚偽答弁を続けてきた。

そんな「国家のウソ」を長年可能たらしめてきた日米安保の暗部に、ようやくメスが入った。二〇〇九年八月三〇日の総選挙で実現した政権交代を受け、外相に就任した岡田克也氏が「核持ち込みをめぐる密約」(以下、「核密約」と表記) など四つの日米密約に対する徹底調査を外務省事務方に命令したからだ。調査は半年がかりで行われ、岡田氏が任命した六人の専門家からなる外務省有識者委員会は翌一〇年三月、核密約を含む三つを「密約」と認定する調査結果を公表した。(1)

日本側文書を中心に史実の精査を進めた有識者委員会の調査には依然不十分さが残るものの、(2)これまで固く封印されてきた「日米安保の闇」に一定の歴史的裁断が下されたことの意義は重大で、政権交代がもたらした画期的成果と言えた。ただ、ここで強調しておかなければならないことがある。それは日米密約の真相究明が何も、政権交代とともに自然発生的に実現したわけではないという点だ。

先に言及したラロック証言やライシャワー証言は、日本のメディアが地道に掘り起こした密約報道の先駆的取り組みだった。また核持ち込み疑惑を追及したのはマスメディアだけではなく、解禁された米側公文書の発掘を丹念に続けてきた日米史の専門家や独立系リサーチャーらの努力によるところがきわめて大きい。(3)つまり、「官」がかたくなに否定し続けてきた日米密約の実態解明へと政府の歩を進めさせたのは、「政」の力と言うよりは、ジャーナリズムやアカデミズムといった「言論」、さらにそれを支える「民」に負うところが多いのである。

そんな言論界の端くれに生きる筆者（太田）も、一九九九年に核密約の調査に乗り出して以来、足かけ一〇年間、核密約の存在を立証しようと、日米両国で公文書の調査や開示請求を続け、冷戦時代の日米両政府関係者へのインタビューを続けてきた。政権交代三ヵ月前の二〇〇九年五月末にはマスメディアとしては初めて、かつて日本外交の頂点にあった歴代外務事務次官へのインタビューを基に、政府による密約管理の実態を報じた[4]。この報道や他メディアによるその後の続報が、当時まだ野にあった民主党中枢の関心を惹き、岡田氏による調査命令の引き金を引いたと言っても決して過言ではないだろう。

以下に筆者の実体験をもとに、二〇〇九年以降の核密約報道の経緯を詳述する。そしてジャーナリズムが密約解明に果たした意義を考察し、政権交代後の密約調査に付随した密約報道の問題点を検証したい。そのことによって調査報道の根源的な意味を考究し、将来の調査報道に少しでも資することが本稿の狙いである。

度肝抜く証言

核密約を追い掛け初めてから一〇年になろうとしていた二〇〇九年の春。筆者はそれまで経験したことのないような、度肝を抜かれる証言に遭遇した。

「歴代の事務次官は必ず引き継ぎの時に、核に関しては日米間でこういう了解がある、ということを前任者から聞いて、それをメモにしておいて次の次官に『これはこうだよ』と引き継ぐという格好を……[5]。」

同年三月一八日、元外務事務次官、村田良平氏を京都市中京区の自宅に訪ねた際に聞いた言葉だ。村田氏はこの半年前、上下二巻に及ぶ長大な回顧録を出版し、その中で「〔米軍核搭載艦船の〕寄港及び領海通過には事前協議は必要でないとの秘密の了解が日米間にあった」と明記、「事前協議がない限り核の持ち込みはない」としてきた歴代日本政府の国会答弁は「虚偽」だったとまで告白していた。(6)

一九六〇年の日米安保改定において岸信介政権は、米軍による日本への核兵器の持ち込みに関して、主権国である日本に発言権を与えることを目的とした新制度で、核兵器の持ち込みは「事前協議」を適用しようと対米交渉を進め、それに成功した。事前協議は日本周辺の米軍運用はおろか、米軍の日本国外への自由出撃に対しても何の制約もなかった旧安保条約下の不平等性を払しょくしようとした安保改定の大きな目玉だった。しかし、核搭載した米軍艦船や米軍用機を協議対象外とする核密約は、そんな主権国家の主体性確保を狙った事前協議制度に風穴を開ける裏合意であり、「核の傘」を信奉する余り米核戦略に呪縛される戦後日本の表象とも言えた。(7)

外務事務次官といえば、日本の外交政策をつかさどる外務官僚機構の最高峰だ。それまでに外務省の局長ポストを経験し、次官就任後は概ね米国や英国など大国の全権大使を歴任する。村田氏自身、次官の後は駐米大使と駐独大使を務めている。そんな要職にあった人物が「秘密の了解」、すなわち密約があったと爆弾発言していたわけだが、村田氏の回顧録は出版直後なぜかマスコミの関心をほとんど惹きつけず、重大証言が埋もれる格好となっていた。

筆者は回顧録の存在を偶然知った〇九年初頭、村田氏に取材を申し入れ、快諾を得た。そして三月一八日に行った二時間を超えるインタビューでは、回顧録を読んで以来抱き続けた「問い」への「解」を探求した。筆者にとって最も重要な「問い」は、村田氏が「密約がある」と言い切る「科学的根拠」は何か、だった。ただ単に「密約がある」と言われても、到底納得が行かない。それまでの歴代政権は「密約などない」と、耳にたこができるほど同じ説明を国民に繰り返してきた。だから、そんな政府の公式見解を覆す具体的な論拠が密約立証には不可欠と考えたのだ。かりに核密約が存在するなら、それはいかにして政府内で管理され、またどのようにして政策継承されてきたのか。果たして、その経過を書き落とした内部文書が存在するのか、それとも核密約は、エリート官僚が代々引き継ぐ口伝だったのか。そしてその真相を、歴代の首相や外相など政治指導者は知っていたのか。

米側では一九九〇年代末から、核密約に関連する公文書がいくつも公開されており、米側が密約の根拠とみなす「機密討論記録」（英文、有識者委員会は「討議の記録」と訳出）の草案や関連文書も米国立公文書館では入手できる。(8) 外務省にはひょっとして、この「機密討論記録」が人知れず保管されているのか。

村田氏の回顧録には、筆者の頭にふつふつと沸き起こる「問い」を解き明かす記述が全く見当たらなかった。「密約がある」と一外務省ＯＢが証言したところで、それまで「密約などない」の一点張りだった政府が簡単に従来の見解を変更するはずがない。だからこそ、回顧録で重要な指摘を行った本人から直接、密約の存在を客観的かつ実証的に裏付ける根拠を聞き出す必要性を強く感じ、京都へ向かった。

「オフレコ」解除

村田氏への取材から得られた密約立証の「科学的根拠」は、①核密約の内容を記した手書きのメモが外務省内に存在した、②そのメモは歴代事務次官が引き継ぎ、自分もそれを読んだ、③核搭載した米軍艦船・航空機を事前協議の対象外とする取り決めは省内で重大秘密だった――の三点だった[9]。

核密約が文書で残されており、それが外務官僚機構の頂点で政策継承され、しかもその文書に書かれた内容の秘密性を当事者たちが認識していた――。このように集約される村田証言は、単に「秘密の了解があった」とした回顧録の記述より、はるかに具体性があり、「密約あり」の仮説を裏付ける上で実証的だった。また、米側で草案などが開示されている「機密討論記録」の記述を補足する内容でもあった。なお、こうした密約管理の具体的手法や政策継承上の組織性は、それまで全く明らかにされていなかった。一〇年間、日米両国で記者生活をしながら「盟約の闇」を追い続けた私にとって、村田証言は明らかに新たな発見であり、驚きと興奮の源泉であった。

こうして得られた村田証言だったが、活字化するには、一つ大きなネックがあった。村田氏が上記の証言を「書かないで下さいね」とやんわり前置きした上で、滔々と行ったためだった。かりに「オンレコ（取材源の実名を明記し、その発言内容を報じる手法）」ならば、村田証言に焦点を当てて、それまでに米側で収集した関連公文書や米政府関係者の証言を傍証にしながら、核密約を立証する記事が書けたかもしれない。

しかし、村田氏は「オフレコ」、つまり証言内容をいっさい活字化しないという、取材上の縛りをかけた。またたとえ「オンレコ」であったとしても、過去の歴代政権が核密約を全面否定してきた状況を覆すには、一人の外務省ＯＢの証言だけではいささか弱いと言わざるを得ない。村田氏が外務事務次官だったのは約二〇年前のことで、事実誤認や記憶の混濁がないとは言い切れないからだ。「オンレコ」であれ「オフレコ」であれ、どのみち、村田証言を裏打ちする補強材料が、核密約のより「科学的」な立証を進めるためにあった方がいい。もし別の日本側関係者から村田氏同様の証言が得られたら、村田氏は取材条件の「オフレコ」を「オンレコ」、ないしは取材源の実名を秘匿した上でその発言内容を報じる「バックグラウンド」に切り替えてくれるかもしれない。そうなれば、度肝を抜かれた村田証言を活字化できる。

そこで筆者は、村田氏を除く歴代外務事務次官へのアプローチを開始した。二〇〇九年春段階で村田氏を含め、存命中の次官経験者は現職の藪中三十二氏を含め計一三人だった。村田氏の二代前の次官、松永信雄氏は、ご家族によるとすでに証言できる能力がないため、さらなる証言を引き出せる可能性があるのは一一人だった。ただ、この時点で政府の公職に就いており、自由に証言できる立場にあると考えにくい者が三人。さらに、国外に生活拠点を置く経験者が一人、住所が割り出せない経験者が一人おり、当面の取材を六人に絞り込んだ。

六人の歴代外務事務次官のうち、村田氏の前任者は取材拒否だったが、残りの次官経験者からはじつに誠実な対応を頂戴した。ただ、いずれの経験者も「オンレコ」をいやがり、「元次官」あるいは「次官経験者」としてのみ証言を引用していい「バックグラウンド」の取材ルールを希望、こうした制約はあったものの、特に三人の次官経験者からは具体的な証言が得られた(10)。

次官経験者Aは、米側が核搭載艦船の通過・寄港を事前協議の対象外とみなす根拠とした「機密討論記録」ついて、「そういう考え方というのは、ずっと我々は知っていた」と言明した。さらに、同討論記録の解釈を擦り合わせた一九六三年四月の大平正芳外相とライシャワー駐日米大使の極秘会談についても、「聞いている。何か飯の時に確認したんじゃないか。〔大平氏が大使〕公邸に行った」と会談があった事実を認めた上で、関連記録が外務省内に「残されているはずだ」と付け加えた。また、「〔こうしたことは次官就任〕前から知っている。条約局（現国際法局）の中で安保条約を担当している者はみんな知っている」とも語り、引き継ぎが次官同士に限定されたものではなく、担当部局内で組織的かつ体系的に行われていた実態を明らかにした。

別の次官経験者Bも「条約課長の時〔に知った〕」。キーは何と言っても、北米局の日米安保課。それから北米局長。条約局は国会答弁の責任があるというのと、条約だからその解釈で関わっていた」と語った。この点をめぐって、ある北米局長経験者も局長在任時に「機密討論記録」が意味する内容や「大平―ライシャワー会談」のことを把握していたと証言し、北米局が関与していたことを認めた。さらに右記AとBの両次官経験者は、こうした内容を信頼の置ける首相や外相にだけ伝えていたことを明かし、別の次官経験者Cは「形式論としては時の首相、外相に必ず報告すべき事項だが、大きな問題なので、僭越かもしれないが、役人サイドが選別していた」と言い切った。

こうやって村田氏以外の次官経験者への取材を重ねることで十分な証言を得たと確信した筆者は、村田氏に二〇〇九年五月一四日に再度面会し、一連の取材経緯を説明、「オフレコ」の解除を要請した。村田氏は当初渋ったが、最後は「外務事務次官経験者」として三月の証言内容を引用することを快諾してくれた。他の三人同様、「バックグラウンド」での活字化がこれにより可能となった。

「メディアスクラム」の強化を

こうした取材プロセスを経て、共同通信は〇九年五月三一日、四人の外務事務次官経験者の証言にもとづく記事「歴代外務次官らが管理　日米の核持ち込み密約」を全国の加盟新聞社へ配信、東京新聞を含む二〇の加盟紙が一面トップで掲載するなど、大きな反響を得た。

しかし、当時の麻生太郎政権は「密約は存在しないと政府はこれまで何回も申し上げてきた。歴代首相、外相は密約の存在を明確に否定している」（六月一日の河村建夫官房長官の記者会見）と、記事の内容をあっさり否定した。その後、野党が国会で真相追求を試みるが、まるで木で鼻をくくったかのような従来通りの政府答弁が変わることはなく、共同配信記事の掲載を見送った在京全国紙もしばらくの間、沈黙を保ち続けた。

そして事態が動いたのは、西日本新聞が同年六月二八日に村田氏の実名入りインタビュー記事を一面トップで掲載してからだった。(11) 村田氏が核密約の存在を「オンレコ」で認めたこの記事を契機に、毎日、読売、朝日、日経の全国紙がつぎつぎに村田証言を大きく報道、共同通信も筆者が本人から電話で了承を得て四次官の一人が村田氏だったことを明らかにする記事を配信した。これ以降、核密約問題が八月末に控えた総選挙の争点として浮上、その後の政権交代を経て、日米密約解明へ向けた歴史の歯車が大きく動いた。その経緯をここで詳述する必要はないだろう。ただ、密約報道に携わった者として強調しておきたい点がある。

それは、半世紀もの長きにわたり、厚いベールにくるまれてきた核密約の真相解明を主導したのが、民主主義の根幹を支え、権力機構の浄化作用を主たる使命とするマスメディアだったという事実だ。だからと言って何もここで、最初に四外務次官の証言内容を報じた共同通信の配信記事が、政府の密約認定に行き着く一連の流れに絶対的に不可欠だったと自賛するつもりは毛頭ない。

核密約解明のメディア史は今から三〇年以上前に遡る。一九七四年秋のラロック退役少将の米議会証言を報じた共同通信ワシントン支局の特報、八一年にライシャワー元駐日大使の発言を引き出した当時の毎日新聞記者、古森義久氏らのスクープ、九〇年代末以降の朝日新聞・本田優氏や共同通信・春名幹男氏らによる密約関連文書の発掘報道……。こうした多くの「先人」たちの足跡をたどることによって初めて、筆者は四次官証言に行き着くことができたと言っていい。

また、村田氏を匿名で扱った〇九年五月三一日の共同配信記事を掲載してくれた西日本新聞が、約一ヵ月後に村田証言を実名入りで報じたことがその後の世論形成に大きな役割を果たしたことは疑いようがない。最初の共同電の掲載を見送った在京紙を追随させるに至った、その功績は大である。こうした三〇数年来の調査報道の積み重ねこそが、日米同盟史の「最大の暗部」とも表現できる核密約問題の歴史的総括を可能にしたと結論付けることができるだろう。

外相だった岡田氏が調査対象に指定した四つの日米密約の一つ、沖縄返還時の原状回復費四〇〇万ドルの「肩代わり密約」をめぐり、当時外務省アメリカ局長だった吉野文六氏から最初に証言を引き出した北海道新聞の往住嘉文氏は、複数メディアの調査報道を土台にした「メディアスクラム」があってこそ、政府に密約を認めさせることができたと指摘したことがある。[12] 全くの同感である。権力を徹底的に追い詰める「スクラム」ならば、今後とも精力的に組み続けなければならない。

なお付言するなら、日本の新聞各紙は米欧メディアとは違って、最初に新事実をスクープした社の報道がまるでなかったかのごとく、事実を後追い報道することが多々ある。今回の密約報道も、共同通信や西日本新聞の当初の記事を完全に無視した形で、村田氏の発言を全くの初報のように取り上げる新聞があった。権力追及の「メディアスクラム」を今後強化していくには、こうした悪しき慣習は早急に見直されるべきだろう。インターネットの普及によって読者がニュースの〝波〟を縦横無尽に〝サーフィン〟できる時代となった今、このことが一層の重要性を帯びているのではないか。マスコミ各社が互いの報道を尊重し合い、他社のスクープを検証取材した上で、さらなる真相を鋭く究明していく調査報道のスタイル確立が、ネット時代のいまだからこそ求められている。

また密約報道を振り返って、当事者として一つ反省しなければならない点がある。それは、村田氏ら元外務省関係者の証言の掘り起こしに比重を置いた当初の密約報道がいつしか、岡田外相の依頼で密約調査を行う有識者委員会が最終報告書に何を盛り込むか、さらには四つの密約のうち一体どれを「密約」として認定するのか、その見通しを先行させた報道へと変質してしまったことだ。

後述するが、日米密約の実態解明は何も、有識者委員会の調査をもって完結するわけではない。歴史の深層を掘り下げる検証作業は今後もジャーナリズムやアカデミズムによって続くのである。政府や権力者の将来の動向について洞察力あふれた予見をもって報じる姿勢は重要だろうが、予測重視の先行報道はあとあと振り返ってみると、それほど歴史的に重きをなさないことが多い。だから、有識者委員会が核密約を認定するか否か、沖縄核密約を認めるか否か、といった見通しを「○」「×」「△」の競馬新聞風に報じる報道スタイルには、いささか閉口した。

深層のさらなる掘り起こしを

日米密約の問題は、外務省有識者委員会が二〇〇九年三月にまとめた調査報告書によって、長く続いた論争に終止符が打たれかのような印象がある。しかし、「盟約の闇」は思ったよりも深遠なようだ。マスメディアは有識者委員会の調査結果に決して安住することなく、さらなる深層を掘り起こす作業を続ける必要がある。

核密約について有識者委員会は、明確な文書による合意はないが、暗黙の合意や了解がある「広義の密約」と認定した。六〇年の安保改定時点では日本側に秘密合意の明確な認識はなかったが、その後一九六三年四月にライシャワー大使が大平外相に、核搭載艦船の寄港が事前協議の対象外だとする「機密討論記録」の米側解釈を示して以降、核の寄港問題について日米双方が互いに「深追い」をしない「暗黙の合意」が六〇年代を通じて固まっていったというのが主たる結論である。また、安保改定時に日米間で交わされた「機密討論記録」に対する当時の日本側解釈を明示する文書がないため、同討論記録を密約文書とは断定せず、根拠文書に裏打ちされた「狭義の密約」ではなく「広義の密約」としたことが大きな特徴だ[13]。

しかしその後、こうした結論を根底から覆しかねない二点の文書が米側で見つかった。

一つ目は、六三年三月一五日付で東京の米大使館一等書記官のアール・リッチー氏が国務省の日本担当官ロバート・フィアリー氏に送った秘密書簡だ。黒崎輝・福島大准教授が米国立公文書館で見つけ、筆者にコピーを提供してくれた。この書簡の中でリッチー氏は、フィアリー氏の六二年二月一二日付書簡を引用する形で「安保改定交渉時、岸、藤山によって機密討論記録2項Cの意味は明確に理解されていた」と記述している。「岸」は安保改定時の岸信介首相、「藤山」は「機密討論記録」にイニシャル署名した藤山愛一郎外相で、安保改定の日本側中心人物二人に他ならない[14]。

「機密討論記録」にある「2項C」は、安保改定以前から行われていた米軍艦船や米軍用機の通過・寄港、飛来に関する「現行の手続き」を事前協議の対象外と規定している。そのため米側は核搭載艦船の通過・寄港も「現行の手続き」に含まれるとの立場を当初から取っており、リッチー氏の秘密書簡は、こうした米側解釈を岸氏ら日本政府中枢が容認していたという重大事実を伝えている。フィアリー氏は六〇年の安保改定時、東京の米大使館で対日交渉を担当した知日派の外交官だ。そんな米側重要当事者が、岸、藤山両氏の「2項C」に対する認識について言明していることの意味は大きく、同討論記録が密約の根拠文書ではないとした有識者委員会の見方には疑義を差し挟まざるを得ない。

二つ目の文書は、安保改定翌年の六一年に登場したジョン・F・ケネディ政権が、同年六月の池田勇人首相との首脳会談用に準備した資料で、艦船・航空機上の核を事前協議の対象としない点について「日本政府が実際、ひそかに同意している」と明記した同月一四日付の秘密メモだ。共同通信が米国立公文書館で見つけたこの秘密メモは、「日本国民はこの秘密の取り決めを知らない」とも指摘、安保改定時点で日本政府が核密約の内実を認識していた実態を強く示唆している。[15]

秘密メモはケネディ大統領自らが目を通す可能性も想定しており、最高度の機密を扱った重要文書だ。メモ作成者の国務省が大統領用資料に十分な裏付けのない情報を記載したとは考えにくく、やはり「機密討論記録」の米側解釈に日本側が同意していた事実が浮かび上がる。

上記二つの米側文書が暴露しているのは、日米安保交渉があった六〇年段階で日本政府の中枢が核密約の密約性を認識し、「機密討論記録」を密約文書とみなしていた経緯である。残念ながら、日本側には岸、藤山両氏の明確な認識を物語る文書が存在せず、これらの米公文書の存在が報じられた直後の一〇年七月二日、当時の岡田外相は記者会見で「〔文書の内容は〕興味深いが、検証しようがない」と述べるにとどまっている。[16]

歴史的な政権交代を経た日米密約調査によって、核密約問題に幕が下りたと考えるのは早計と言えそうだ。メディアの本分とも言える調査報道による深層探求はむしろ、これからなのかもしれない。

(1) 外務省の密約調査は、外務省有識者委員会『いわゆる「密約」問題に関する有識者委員会報告書』(二〇一〇年三月九日、外務省);外務省調査チーム『いわゆる「密約」問題に関する調査報告書』(二〇一〇年三月五日、外務省)を参照。有識者委員会は密約について、密約を明記した文書が存在する「狭義の密約」と、文書の裏付けがない「広義の密約」に峻別した上で、核密約を「広義の密約」と認定した。また、朝鮮半島有事の際に事前協議を経ずに在日米軍基地からの米軍の戦闘作戦行動を容認した「朝鮮半島有事の密約(朝鮮密約)」を「狭義の密約」に、沖縄返還に際する原状回復費四〇〇万ドルを日本側が肩代わりした密約を「広義の密約」に認定。有事における沖縄への核再持ち込みを認めた「沖縄核密約」は、新たな追加的な負担や義務を国民に強いるものではなかったなどとして、密約とまでは言えないと判断した。

（2）有識者委員会調査の問題点に関しては、菅英輝「世論と日米『核密約』」（日本国際政治学会二〇一〇年度研究大会提出論文）：菅英輝「『核密約』と日米安保体制」『年報　日本現代史』第一五号（現代史料出版、二〇一〇年）：信夫隆司「若泉敬と沖縄核密約」（日本国際政治学会二〇一〇年度研究大会提出論文）：拙稿「日本側は密約を認識していた――政府調査覆す新証拠」『世界』二〇一〇年九月号を参照。

（3）代表的な先行研究には以下が挙げられる。新原昭治、浅見善吉『アメリカ核戦略と日本』（新日本出版社、一九七九年）：佐々木芳隆「核戦略の中の日本」坂本義和編『核と人間――核と対決する二〇世紀』（岩波書店、一九九九年）：我部政明『沖縄返還とは何だったのか――日米戦後交渉史の中で』（ＮＨＫブックス、二〇〇〇年）：坂元一哉『日米同盟の絆――安保条約と相互性の模索』（有斐閣、二〇〇〇年）：外岡英俊、本田優、三浦俊章『日米同盟半世紀――安保と密約』（朝日新聞社、二〇〇一年）：梅林宏道『在日米軍』（岩波新書、二〇〇二年）：中馬清福『密約外交』（文春新書、二〇〇二年）：新原昭治『「核兵器使用計画」を読み解く――アメリカ新核戦略と日本』（新日本出版社、二〇〇二年）：島川雅史『増補・アメリカの戦争と日米安保体制――在日米軍と日本の役割』（社会評論社、二〇〇三年）：豊田祐基子『「共犯」の同盟史――日米密約と自民党政権』（岩波書店、二〇〇九年）：拙著『盟約の闇――「核の傘」と日米同盟』（日本評論社、二〇〇四年）。

（4）拙稿「歴代外務次官らが管理　日米の核持ち込み密約」共同通信配信（二〇〇九年五月三一日）。

（5）村田良平元外務事務次官へのインタビュー（二〇〇九年三月一八日）。

（6）村田良平『村田良平回想録　上巻　戦いに敗れし国に仕えて』（ミネルヴァ書房、二〇〇八年）二〇七ページ。

（7）事前協議制度の対象は、①米軍の日本への配置における重要な変更、②米軍の装備における重要な変更、③日本から行われる米軍の戦闘作戦行動――の三つ。

（８）例えば、「機密討論記録」の草案全文が以下の米文書に添付されていた。"Comparison of U.S. Base Rights in Japan and the Ryukyu Islands," Secret, Folder of Status of Force Agreement, Box8, History of Civil Administration of the Ryukyu Islands, Record of Army Staff, RG319, National Archives in College Park (NACP).

（９）村田元次官へのインタビュー。なお村田氏がこの時指摘した「メモ」は、その後の外務省密約調査によって、六八年に北米局長だった東郷文彦氏（後に外務事務次官、駐米大使を歴任）が作成した「装備の重要な変更に関する事前協議の件」（一九六八年一月二七日、外務省開示文書）、いわゆる「東郷メモ」だったことが判明する。このメモが、歴代の外務事務次官が時の首相や外相に核持ち込み問題をブリーフする際の基礎資料となった。

（10）三人の証言内容は拙稿「日米核密約　安保改定五〇年の新証言――あぶり出された全容」『世界』二〇〇九年九月号を参照いただきたい。

（11）「米の核持ち込み『密約あった』」西日本新聞二〇〇九年六月二八日朝刊。

（12）徃住氏は二〇〇九年四月二四日、日本プレスセンタービルで開催された、マスコミＯＢらからなる勉強会「土曜サロン」でこうした発言を行った。筆者はこの会合に報告者として招かれ、同氏の発言に接した。

（13）外務省有識者委員会『いわゆる「密約」問題に関する有識者委員会報告書』。

（14）Letter from Earle J. Richey to Robert A. Fearey, March 15, 1963, Secret, Japan, Classified General Records, 1952-1963, Box107, RG84, NACP. この価値ある史料は黒崎輝福島大准教授よりコピーを頂戴した。心より感謝申し上げたい。

（15）Memorandum, "Visit of Prime Minister Ikeda to Washington, June 20-23, 1961," June 14, 1961, Secret, Conference Files, Box254, Central Foreign Policy File, RG59, NACP.

（16）共同通信は二〇一〇年夏、二つの文書の内容を報じた。拙稿「安保改定時から密約認識　核持ち込み『明確に理解』」共同通信配信（二〇一〇年六月二五日）；拙稿「日本側『ひそかに同意』首脳会談用資料に明記」共同通信配信（二〇一〇年七月一日）を参照。また両文書を分析した拙稿「日本側は密約を認識していた」『世界』二〇一〇年九月号も参照いただきたい。

参考文献（注に記載しなかったもの）
原彬久『戦後日本と国際政治――安保改定の政治力学』（中央公論社、一九八八年）
栗山尚一著、中島琢磨、服部龍二、江藤名保子編『外交証言録――沖縄返還・日中国交正常化・日米「密約」』（岩波書店、二〇一〇年）
波多野澄雄『歴史としての日米安保条約――機密外交記録が明かす「密約」の虚実』（岩波書店、二〇一〇年）
飯山雅史「日本は『核密約』を明確に理解していた」『中央公論』二〇〇九年一二月号
河内孝「欺瞞の堆積――日米『核密約問題』の本質に迫る」『新潮四五』二〇〇九年一二月号
春名幹男「『核密約』――反核の国民世論と米核戦略の狭間で」『世界』二〇一〇年五月号
拙稿「『同盟管理政策』としての核密約――対米呪縛の根底」『世界』二〇一〇年五月号。

（本稿は雑誌『新聞研究』二〇一〇年八月号に掲載された拙稿「『盟約の闇』を追って――核密約と外務次官証言」を大幅に加筆したものである。）

第3章　警察の裏金づくりにせまる

北海道新聞記者　高田昌幸

北海道警察（道警）の組織的裏金づくりが発覚したのは、二〇〇三年一一月下旬のことである。当初、不正を全面否定していた道警は、一年後の二〇〇四年一一月、内部調査の結果として裏金づくりを認め、約九億六〇〇〇万円を国や北海道に返還した。

道警の内部調査は「私的流用」を否定するなど、大いに甘さが残った。不正の組織的、歴史的構造を解明したとも言い難い。それでも、警察が組織的裏金づくりを公式に認めたのは全国で初めてだった。道警の裏金問題はその後、全国各地の警察にも飛び火し、「警察の裏金」が半ば常識となる契機にもなった。

裏金疑惑の発覚から一年強にわたって、北海道新聞（道新）の取材班は一〇〇〇本以上の関連記事を掲載している。この間、元道警釧路方面本部長の原田宏二氏、弟子屈《てしかが》警察署の元次長、斎藤邦雄氏が実名で裏金の存在や仕組みを暴露し、道民に大きな衝撃を与えた。とくに原田氏は都道府県警の本部長に相当する地位まで務めた「大幹部」である。警察庁や道警も「原田告発」を無視できず、これを機に警察は「裏金を認める」方向に傾いていく。北海道議会の民主党、共産党、さらには市民団体も道警の不正を厳しく追及した。道民世論が沸騰したことは、言うまでもない。

道警が組織的裏金づくりを認めたのは、こうした社会全体の総合的な動きの結果である。そんな中、道新取材班の裏金追及も大きな役割を果たした。道警は否定が困難になったと見るや、裏金づくりは「一部署」に起きた問題であるとして、問題を矮小化しようと懸命になった。これに対し、道新は「裏金づくりは組織的、構造的であり、組織全体をむしばんでいる」という方向での報道を貫き、揺らぐことがなかった。

権力機構の〝組織犯罪〟を新聞がここまで徹底追及した実例は、日本でも希有なことだったと思う。道警裏金問題は発覚からすでに七年が経過したが、一連の報道は「調査報道とは何か」「報道による権力監視の可能性と限界」などを考える上で、今も格好の題材になると自負している。

道警裏金の端緒

北海道警察の裏金問題は、じつは道新が最初に報じたのではない。第一報はテレビ朝日の報道番組「ザ・スクープ」である。

二〇〇三年一一月二三日の日曜日午後、鳥越俊太郎氏がキャスターを務める同番組は一時間の枠をいっぱいに使って、「旭川中央警察署において、捜査用報償費が裏金になっている疑いがある」と報じた。ふつうは表に出るはずのない、黒塗りの無い警察内部の会計資料も登場。番組の名に恥じない、見事なスクープだった。

捜査用報償費とは、捜査協力者に対する謝礼等に供する費用（都道府県費）を指す。規則上、捜査員は、謝礼を支払った相手の氏名、住所などを会計書類に記載し、相手の領収書を添付することも必要とされている。同じような使途に供される国費は「捜査費」と呼ぶ。

ところが、「ザ・スクープ」によると、旭川中央署の会計書類に記載された一〇数人の「協力者」は、全員が謝礼の授受を否定したのだという。それどころか、警察官と接触経験のある人は皆無に近く、書類上は、すでに死亡していた人に捜査協力謝礼を支払った事例すらあった。会計書類に記載された内容は架空であり、警察は偽計によって裏金をつくっているのではないか——。番組は、そんな結論で締めくくられた。もちろん、警察は全否定である。

番組を後追いする形で、朝日新聞と毎日新聞は翌日朝刊で旭川中央署の問題を大きく報じた。道新がこの問題を最初に報じたのは、一一月二五日朝刊だった。「ザ・スクープ」からは二日遅れ、朝日と毎日からも一日遅れていた。

筆者は当時、本社報道本部次長（警察・司法担当）、いわゆる「警察担当デスク」であり、警察関連の報道についての実務責任者だった。つぎつぎと他メディアに先を越されることが愉快なはずはなかったが、同時に、その一、二日間の空白は裏金疑惑をどう取り扱うかをしばし考える期間にもなった。

「ザ・スクープ」の報道から数日後、報道本部内の警察担当者で小さなミーティングを持ち、私が裏金報道に取り組む基本方針を示した。ニュースは生き物であって、日々情勢は変わる。この時点では問題がどう展開するのか、曖昧模糊としていた。それでも、一連の裏金追及報道を通じて最後まで揺らぐことのなかった基本方針は、この場で決まったと言ってよい。

この方針は、権力監視型の調査報道に取り組む上でのきわめて重要なポイントを示している、と筆者は今も考えている。「対警察」「裏金」といった狭い範囲だけでなく、多くの取材対象に応用が可能なはずだ。

基本方針1――「認めさせる」

警察の裏金問題は、道警で初めて発覚したわけではない。一連のキャンペーンが始まるはるか以前から、警察の裏金問題は何度も報道されている。

古くは、警察官僚で元警視監だった故松橋忠光氏が著書『わが罪はつねにわが前にあり』（オリジン出版センター、一九八四年）で、自らの裏金体験を暴露した。警察で幅広く「二重帳簿」が使われていることを明かした同書は、当時ベストセラーにもなり、会計不正は国会でも取り上げられた。また、熊本県警や長崎県警、警視庁などでもＯＢの証言などによって裏金の存在が暴露されたことがある。裏金の入出金を記した「裏帳簿」が明るみに出たこともあった。

こうした事実はその時々、全国紙などが報じている。通信社が配信し、道新に記事が掲載された例もある。とはいえ、警察の裏金が大きな社会問題として広く認識され、裏金づくりの解明、根絶に向かって物事が動き始めた例はなかった。その要因は一つではないが、筆者は「報道が不正を相手に公式に認めさせるような方向で動いたかどうか」が大きな分岐点だったと感じた。

各種の記事データベースなどを使って、警察裏金に関する過去の報道を調べてみると、多くは次のような推移をたどっていた。

①内部告発や独自取材による不正の暴露
②現職警察官や警察ＯＢなどの「関係者」が不正を認める。ただし「関係者」の大半は匿名
③警察組織が全面否定
④「疑惑が深まる」などの続報が続くが、次第に沈静化
⑤裏金否定の公式見解は崩れず
⑥報道が終了

誤解を恐れずに言えば、こうした経過をたどった報道は、結果として「書きっぱなしだった」の域を出ていない。「裏金の『報道』はあった」という事実は残っても、「裏金があった」という確定的事実として歴史に刻まれることはない。

報道機関にとって権力の不正の暴露はきわめて重要な仕事である。そして、それにとどまらず、

不正を公式に認めさせせることは、さらに重要な仕事である。公権力に不正を改めさせせるには、それを公式に認めさせることが絶対に欠かせない。不正は常に隠される存在であり、「悪かった」と認めることなしに、改善への道筋が敷かれることもないからだ。

旭川中央署の不正が発覚した直後、筆者は「何としても組織的裏金づくりを公式に認めさせたい」と考えた。過去にそれを成し遂げた報道がなかったことも大きかった。記者である以上、新しい報道をやってみたいと思うのは当然であろう。また筆者には、過去の調査報道において、上記の①から⑥までのパターンに陥った経験が少なからずあった。

国内有数の巨大ダム・忠別ダム（北海道美瑛町）の談合疑惑に関する一九九七年の報道など、その好例である。この問題は、水没予定地の買収が難航した際、談合で落札が決まっていた大手ゼネコン側に六億円で用地買収をさせたという疑惑である。「させた」のは、国側だった。取材は万全だったが、記事掲載後、国側や大手ゼネコンは完全無視を決め込んだ。もう一段の取材が不足していたのかもしれない。しかし、「記事が間違っているなら正式に抗議してほしい」という言葉も無視されるに及んで、筆者は大いなる無力感を抱いてしまった。

そういう状態が続くと、疑惑は疑惑のままで終わる。権力者や権力機構の不正を報道しても、相手がそれを認めず、やがて報道が滞り始めると、「あれは本当のことなのか」という疑念の目線を浴びることにもなりかねない。

さらに付言しておかなければならないことがある。「不正を公式に認めさせる」型の報道は、過去にも存在はしたが、多くの場合、最後に「お墨付き」を与えるのは、警察や検察だった。つまり、調査報道によって不正や疑惑が表面化し、やがて捜査機関が動き、事件として立件されることで、「公式に認めさせる」形が完成していたのである。

朝日新聞の横浜支局、川崎支局が端緒を切り開いた「リクルート事件」（一九八八年）はその典型であろう。ほかにも、この種の形は少なくない。そのため、捜査機関が事件化した調査報道を、通常の調査報道よりもさらに高く評価する人々もいる。

捜査と報道の現場で実際に情報交換が行われたどうかは別にして、結果として報道と捜査がタッグを組むことによって、「社会悪」への対抗力が高くなると信じられていた時代が続いたことはまちがいない。実際、報道の現場では、独自の調査報道を進める記者に対し、上司が「その不正を警察は認知しているのか」「検察は動いているのか」と問うことが少なくない。調査報道の正しさの証明として、「当局の認知」が必要だという考え方が報道機関に染み込んでいたのである。

しかし、こうした手法を積み重ねてきた結果、日本の調査報道は二つの問題を抱えてしまったようにも思う。

一つは、「捜査当局の認知がないと、それが調査報道であっても、記事化しにくい。あるいは、認知がある場合に比べ、その報道は価値が低い」という傾向である。もう一つは、捜査情報に過度に寄りかかってきた結果、捜査当局と報道との親和性が増し、警察・検察の組織的不正に対する取材姿勢が甘くなってきたのではないか、という疑念である。

旭川中央署の不正は発覚直後から、地元最大のメディア・道新に重い問いを突きつけてもいた。「事件ネタで食っている報道機関が警察の不正をとことん追及できるのか」「捜査当局の組織的不正はだれが取り締まるのか」という問い掛けだ。こういった素朴な疑問に対し、どんな回答を示すことができるのか。それを念頭に置いてのスタートだった。

基本方針2——「担当記者が担当する」

道新本社の道警担当記者は、七人程度で構成されている。その時々で若干人数の変動はあるが、おおむね道警本部担当が三人、札幌市内警察署担当が四～五人である。市内署担当には、新人記者も含まれていることが少なくない。こうした記者は通常、他社と同様、「サツ回り」「サツ担」などの俗称で呼ばれる。

道警担当記者は、道警記者クラブに所属している。道警本部庁舎内には記者室があり、本部詰めの記者は記者室に「出勤」するのが日常だ。記者室は札幌中央署内にもあり、札幌市内の七警察署をカバーする市内署担当は、ここをベースにする。つまり、道警担当記者は常時、警察という強大な権力の傍らで取材を続けているわけだ。そして、記者が権力のそばにいるのは、権力の動向を日々監視するためであると言われてきた。

しかし、いつの時代からか、記者クラブに属する報道機関や記者は、当局と本気で対峙することが極端に少なくなったように思う。それは、例えば、こんな発想に端的に表れている。

「政治部は政治家に密着取材し、政局には細心の注意を払う。政治の動向こそが政治記者の最大の仕事であって、政治家の不正やスキャンダルは一義的には社会部の仕事だ。」

「社会部内でも警察の組織的不正を追及するなら、それは遊軍の仕事だ。警察担当記者の本筋取材は、捜査の動向を追うことだ。」……

要するに、日々接している相手とのガチンコを嫌い、避けようという発想である。組織の縦割りが深化しすぎてしまった既存報道機関においては、こうした縄張り意識が相当にはびこっている。同時に、記者は取材先との同化を深めてきた。相手に不都合な取材や報道があると、「あれを書いているのは社会部ですよ」「遊軍が勝手にやっているんです」といった逃げも打つ。当局監視のためだったはずの取材態勢や姿勢が古びてしまい、監視機能を果たしていないのである。

道警裏金に関する書籍のあとがきで、筆者は次のように書いた。これこそが「道警担当記者に道警不正の取材を担当させた理由」である。少々長いが引用したい。


……最近の新聞、テレビは、権力機構や権力者に対して、真正面から疑義を唱えることがずいぶん少なくなったと思う。お行儀が良くなったのだ。警察組織はもとより、政府、政治家、高級官僚、大企業やその経営者などは、いつの時代も自らに都合の悪い情報は隠し、都合の良い情報は積極的に流し、自らの保身を図ろうとする。そして、権力機構や権力者の腐敗は、そこから始まる。

ところが、報道機関はいつの間にか、こうした取材対象と二人三脚で歩むことが習い性になってしまった。悪名高い記者クラブに座ったままで、あるいは、多少歩いて取材したとしても、相手から提供される情報を加工するだけで終わってしまう。日々、華々しく展開されるスクープ合戦にしても、実際はそうした相手の土俵に乗り、やがて広報されることを先取りすることに血道を上げているケースが少なくない。権力機構や権力者を批判する場合でも、結果的に相手の許容した範囲での批判か、自らは安全地帯に身を置いたままの『評論』などが、あまりにも多いように感じている。

もちろん、こうした報道をすべて無意味と断じるつもりはない。しかし、権力機構や権力者に深く食い込むことと、二人三脚で歩むことは、同義ではないはずだ。読者は賢明である。報道機関が権力機構や権力者と築いてしまった「いやらしい関係」を、とっくに見抜いている。ひと昔前はあこがれの職業だった記者は、さげすみの対象にすらなりつつある。

「事実を抉り出して相手に突き付け、疑義を唱え、公式に不正を認めさせていく。そうした報道を取り戻したい。記者会見では相手のいやがる質問をどんどんぶつけたい。権力機構や権力者と仲良しサークルをつくって、自らも偉くなったような錯覚に陥ることだけは避けたい。記者クラブ取材のあり方、捜査情報をもらうだけの警察取材のあり方を根本から変えたい。報道もしょせん商売かもしれないが、しかし、もっと青臭くなりたい。オンブズマン組織にも劣るようになってきた『真の意味での取材力』を取り戻したい」

取材班はずっとそう考えていた。だからこそ、一連の取材は、いわゆる「遊軍記者」などに任せず、道警記者クラブ詰めのサツ回り記者が「逃げ場」のない中で、真正面から取り組んだのである。

（北海道新聞取材班編『追及・北海道警「裏金」疑惑』講談社文庫、二〇〇四年）

道新の裏金問題取材班は、道警記者クラブの担当記者たちによって構成されていた。通常の事件事故取材をこなしながら、裏金問題も取材する仕組みだ。対外的に「裏金問題取材班」と称することはあったが、それは便宜的な呼称にすぎない。

「テーマ主義」を貫くため、取材相手が北海道議会議員であろうと、知事部局の幹部であろうと、取材は原則、道警担当記者が行うことも基本に据えた。縦割りが極度に進んだ今の新聞社では、「議員の取材は政治部が担当だ」といったことになりかねないが、取材は「担当」ではなく、「テーマ」で進めるのが当然であり、縦割り型では円滑に取材が進まないことも多い。

さらに大きな問題は、記者クラブと権力との関係である。新聞社とテレビ局、通信社の計一九社が加盟する道警記者クラブは、先述したように、道警本部庁舎二階にある。すぐ近くには広報課があり、エレベーターを使えば、警務部や総務部、刑事部など主要部署にもすぐ行くことができる。では、いったい、記者は何のために、毎日そこに詰めているのか。何のために、日々、庁舎内を巡回しながら取材し、心身を磨り減らしながら夜討ち・朝駆け取材を続けているのだろうか。

道新の裏金追及が激しさを増し始めた二〇〇三年一二月末ごろ、ある幹部が筆者に対し、「君らとの信頼関係が崩れたよ」と言ったことがある。その幹部に限らず、道警の幹部たちは組織的裏金づくりを完全否定する一方で、盛んに同じようなセリフを口にしていた。その言葉は、警察と報道機関が築いてきた「信頼」がじつは、「いびつな関係」でしかないことを示していたと思う。

報道機関にとって、警察は事件事故取材の大きな情報源である。一部警察官の不祥事ならともかく、警察組織全体を「敵」に回すような取材には、なかなか踏み込めない。裏金の存在を知ったとしても、本格追及に着手すれば、「事件事故取材の情報源」を失い、他紙との「スクープ合戦」で後れを取る可能性もある。マスコミ界においては、そのスクープ合戦で「勝つ」ことが大切だとされてきたのであり、その意味から言えば、裏金問題を多くのマスコミがタブー視してきたのは、当然の流れだったかもしれない。

もちろん、それは「業界内の理屈」でしかない。同時に、警察側からすれば、自らに都合の悪いことは見逃してもらえるという意味において、報道機関は「信頼」に値したのだと思う。

しかし、当たり前の話だが、報道機関が第一に築くべき信頼関係は、読者や市民との間に存在する。近年、報道機関に対する市民の目線は、ことのほか厳しい。「記者クラブ」や「記者室」は、新聞社や放送局といったオールド・メディアの守旧性、旧弊を象徴する存在とみなされる傾向が一層強まってきた。「記者クラブに安住して当局の発表ばかりを報じている」「深く掘り下げた報道がない」といった声は、それこそ枚挙にいとまがない。逮捕をきっかけに被害者や加害者のプライバシーを不必要に暴き、センセーショナルな報道を集中豪雨的に行う姿勢に対しても、じつに厳しい批判が寄せられている。

「マスゴミ」や「記者クラブ・メディア」などの言葉が投げつけられたとき、いったい、どれだけの記者が「自分は権力を徹底監視している」と胸を張れるだろうか。当局の発表ものやその加工記事に過度に依存する「発表依存」「官依存」から、どれだけ距離を置いているだろうか。

筆者はずっと、そんなことを考えていた。

政治家や高級官僚、捜査当局、大企業といった「権力」との関係を最優先し、最初にその顔色をうかがうような報道を続けていれば、既存メディアの存在意義は、いよいよ薄らいでいくはずだ。「発表」や「当局」に過度に寄りかかった報道は、「新聞の読者離れ」をいっそう進め、その結果としての「読者の新聞離れ」をさらに招くだろう。

「記者はなぜ、記者クラブに常駐しているのか」をもう一度、シンプルに考えてみよう。答えは明瞭簡潔である。「権力を監視するために記者クラブにいる」のである。「不正を許さないためにいる」のである。旭川中央署の不正発覚時に立ち返れば、「裏金問題をきちんと解明し、報道するために道警記者クラブに記者はいる」のである。

警察不正の取材は、サツ回り記者が担う方が効率がよい。担当記者は、それぞれが組織の奥深くに情報源を持っている。担当外の記者に任せて、「初めまして、こんにちは」で始まる取材よりも、日ごろの人脈を生かし、情報を取る方が仕事はスムーズなはずだ。

「基本方針2」は、そんな当たり前のことを実行しようとしたにすぎない。

基本方針3――「一人旅にならない」

道警による組織的裏金づくりは、のちに、道警の内部調査や北海道監査委員による特別監査の結果、本部・方面本部の課長や次席、署長や副署長らの幹部は全員が知っていたと結論づけた。裏金捻出のための偽造書類作成には、さらに多くの警察官・警察職員が関与していた。最終的な処分者が約三〇〇〇人に達したことを考えても、裏金づくりは「組織的」という他はなかったことがわかる。

ところで、筆者はたまたま、北海道庁の裏金事件を取材した経験があった。道庁裏金事件は一九九五年から九六年にかけて発覚し、総額七六億円が不正使用だったと認定された。「カラ出張」「カラ会議」「カラ雇用」「カラ会食」など、実態のない不正支出をすさまじい規模で行って裏金をつくり、幹部らが自在に使っていたという事件である。

じつは、このときも北海道が主たる震源地となって、公金の不正支出は全国各地の自治体で発覚した。そして、裏金の捻出方法、それを指示・管理する組織内のありようなどが、見事なまでに似通っていた。

そうした経験もあって、旭川中央警察署の問題が発覚した際、「旭川中央だけでなく、裏金づくりは全道各地の警察署、本部・方面本部でつくられているに違いない。それどころか、全国各地の警察で裏金づくりがあるに違いない」との見通しを持った。日本では、官僚組織・統治機構の組織文化は、国や都道府県、市町村といったレベルを超え、見事なまでに似通っている。それは、道庁裏金事件のときに痛感していたし、先述の通り、断片的とはいえ、警察裏金は全国各地で発覚していたのである。

したがって、「ザ・スクープ」を見た直後から、筆者は「この問題は旭川の一警察署の問題ではないし、それで済ましてはならない。取材の舞台は全道、全国に広げよう」と考え、その点を取材班で確認し合った。裏金の仕組みや構造についての取材を「タテに掘る」としたら、この地域性の問題は「ヨコに広げる」である。

「ヨコに広げる」は、調査報道における、いくつかの重要なポイントを含んでいる。一つは「一人旅にならない」ことだ。ここで言う「一人旅」とは、ある特定の新聞社や放送局だけが当該報道で格段にリードし、他社は後追い取材が困難になることを指す。あるいは、何らかの理由で、後追いをしないことを指す。

過去の警察裏金報道において、「不正を公式に認めさせる」ことができなかったのは、この「一人旅」が大きな原因だったのではないかと筆者は考えていた。その好例が、高知県警の捜査費不正問題である。旭川中央署の不正が発覚する四ヵ月前の二〇〇三年七月下旬、高知新聞は

「県警の捜査費が不正使用されている」との報道を大々的に行っていた。内部書類も入手し、一面や社会面に連日大きな記事を掲載。胸のすくようなスクープを連発していた。

当時、筆者は高知新聞が捜査費不正の大キャンペーンを張っていることを、同年九月末ごろまで全く知らなかった。ある会合で、高知新聞の社会部長に会い、初めて耳にし、「新聞がそこまで頑張れるのか」と驚いた記憶がある。

同じ新聞人として、しかも警察担当デスクとして、高知新聞の報道を全く知らなかったことは恥ずかしい限りだったが、捜査費不正の報道が高知県内にとどまり、広く全国に知られていないことも事実だった。当時、全国紙やＮＨＫ、民法キー局は、捜査費不正についてほとんど報道していない。全国の地方紙や一部全国紙が加盟する共同通信や時事通信も、捜査費不正の記事を配信していない。おそらく、ほかのメディアは「当局との二人三脚」を脱し切れてなかったのだろう。あるいは、不正を示す内部書類が手に入らず、後追いの契機をつかめなかったのかもしれない。いずれにしろ、結果として、高知新聞の「一人旅」は続いた。

「たとえ一社だけになっても不正は看過しない」という意味においては、一人旅は正しいが、「公式に不正を認めさせる」という観点からすれば、一人旅は必ずしも好ましくない。公権力を突き動かすには、報道各社が結束し、良い意味で競争し、結果として「対権力の監視網」ができる形が最も望ましいからだ。

そうした事情を知悉していたこともあり、道新取材班は道警不正の発覚直後、一人旅にならない報道に知恵を絞った。そして、「他社が後追いせざるを得ない記事」を第一目標に掲げたのである。道議会での質問や住民監査請求への動きなど、目に見える形での「公的な動き」を丹念に報道していくことを柱に置いた。これだと他社も追随しやすい。道議会議員や弁護士にもインタビューを重ねて掲載し、だれが何を考えているかも明確にした。

一方、裏金問題を北海道の地域問題に矮小化しないために、当初から取材エリアを北海道内に限定しなかった。記者は全国各地に積極的に出張し、過去の裏金問題や関係者インタビューなどをつぎつぎと紙面に掲載した。

「インターネット」も大いに利用した。地方紙が独自コンテンツをホームページ（ＨＰ）上で広く公開する例は多くないが、一連の道警裏金問題では関連記事をすべてＨＰに掲載した。ＨＰはある意味、配達エリアを限定しない「紙」のような存在である。問題を地域問題にとどめないために、全国への発信は不可欠だと考えた。

ネットの威力はすさまじい。短い記事も含め、関連記事の掲載を続けているうち、全国各地から意見や情報が寄せられるようになった。警察関係者からの情報提供も目立ち、しばしば取材の端緒やヒントになった。

取材・報道の進展

二〇〇三年一一月末から始まった道警裏金問題の追及キャンペーンでは、短い記事も含めると、記事総数は合計で一〇〇〇本以上を数える。とくにキャンペーン開始の当初三ヵ月間は、一面や社会面に連日のように大きな記事が掲載された。そのほとんどは、取材班が独自に掘り起こした、本当の意味での「スクープ」である。

筆者の理解では、調査報道とは「新聞が新聞独自に取材し、自らの責任において報道する記事」を指す。取材対象は、政治家や高級官僚、自治体首長、大企業経営者などの権力者、権力・統治機構や大企業などの公的存在でなければならない。調査報道は、いま報道しなければ歴史の波間に消えていく内容を掘り起こすことでもある。「スクープはスコップ」と称するゆえんである。

道警裏金の一年以上に及ぶ長いキャンペーンにおいては、いくつかの節目があった。実際の紙面を振り返りながら、それを詳述したい。

最初は二〇〇三年一一月三日の道新朝刊一面に掲載された「報償費不正　道警ぐるみか　慶弔や交際に利用　現職幹部、ＯＢ証言　九〇年代後半」という見出しの記事である。記事の前半部分は、こうだ。

旭川中央署で一九九五年五月と九七年九月に捜査用「報償費」の架空請求により裏金づくりが行われていたとされる疑惑で、同署以外の道内各警察署と道警本部でも九〇年代後半に、報償費を使って裏金が捻出されていた疑いが強いことが、二日分かった。現職の幹部警察官や幹部ＯＢら二〇数人の道警関係者が、北海道新聞の取材に答えた。使途については、署長経験者らが「転勤時に餞別として受け取った」などと証言している。

一連の問題で道警は「報償費の支出は適切」と繰り返しているが、道警が組織ぐるみで公金流用を行い、裏金をつくっていた可能性が浮上した。

証言では、不正支出は九〇年代後半、少なくとも札幌市内署や旭川市内署、各方面本部、道警本部などで行われていた。

報償費の裏金づくりを指示していたのは所属長クラス。警察署では署長、道警本部では刑事、生活安全両部などの各課長がそれに該当する。

証言を総合すると、捜査員は上司らの指示で、虚偽の支払い申請文書を作成。捜査協力者から情報提供を受けたように装っていた。しかし、報償費は申請者本人には支払われず、裏金として各部署で保管。警察署では副署長、本部各課では次席が「裏帳簿」をつくって管理していたという。

複数の元会計担当者は「昔からやっていたが、おかしいと思いながらも、上の命令は断りきれなかった」と話す。

同じ日の朝刊の社会面には「道警報償費　裏金十数万円もらった　ＯＢ証言『横領といえば横領』」という記事も掲載した。

一面の記事の重要性は「裏金問題の最終結論を最初に書いた」という点にある。不正は、旭川中央署といった一部署にとどまらず、構造的、組織的、歴史的な問題ある、という要素を明確に打ち出した。その後、長きにわたるキャンペーンは「この結論をどうやって道警に公式に認めさせるか」というプロセスだったと言ってよい。

不正を追及する調査報道は通常、不正の事実を少しずつ積み上げ、「部分から全体へ」と広げていくケースが多い。先に述べた北海道庁の裏金事件やリクルート報道は、まさにこの「積み上げ方式」だった。

しかし、警察の組織的不正の場合は事情が違う。警察組織は他の行政官庁と違い、上意下達の指揮命令系統が確立し、「鉄の団結」と呼ばれるほど結束力は強い。そうした組織を相手に、積み上げ方式の取材を続けていれば、必ず、口封じ工作が同時並行で進展し、事実解明が困難になると筆者は考えていた。したがって、取材班が持つ情報源を縦横に使い、不正の全体構図（＝見取り図）を先に書いてしまうことを優先したのである。

キャンペーン開始から同月末までの一ヵ月強の間に、取材班は早くも五〇本強の関連記事を掲載した。その中には、「結論」を補強する記事（＝各論）がつぎつぎと登場する。

二〇〇三年

一二月七日「道警『報償費』ＯＢ証言　プール金は転勤署長に『協力者』印鑑五〇〇本常

備　架空の捜査で旅費請求　会計書類　不正随所に」
一二月八日「道警報償費『幹部はウミ出し尽くせ』　疑惑隠し　怒る現場　文書偽造全額、署長らに　使うべきところに金を」
一二月一八日「本部の裏金を総務部に上納か——道警報償費疑惑　接待、議会対策に」

今振り返っても、じつに矢継ぎ早の展開だった。この間は、読者や道民がどう反応しているかも積極的に記事にした。その後の主な記事の見出しを並べてみよう。

二〇〇四年
一月三日「道警報償費『不正経理ない』　芦刈本部長　道議会で答弁」
一月四日「報償費疑惑否定　道警ずさん調査　元署長ら聴取対象外」
一月五日「道警報償費　高橋知事　解明に及び腰　道議会　再三『調査求めぬ』」
一月五日「報償費問題『許せぬ』『調査を』　道、道警に抗議計一五〇件」
一月六日「道警の報償費流用『十分説明を』　高橋知事、道警本部長に要請」
一月一〇日「道警報償費の返還求め監査請求へ——札幌の弁護士」
一月一〇日「『道警の報償費　再調査しない』　国家公安委員長が会見で」
一月一三日「警察不正経理疑惑　解明求め意見書可決　釧路、苫小牧市議会」

一月一四日「道警報償費疑惑、徹底解明を　怒りの声、本社ホットラインに五一六件」
一月一七日「民主、道警にも報償費問題の真相究明要請」
一月一八日「道警報償費疑惑　道内首長、相次ぎ批判」
一月一九日「道警報償費　芦別市など四議会が解明求め意見書可決」
一月二〇日「道警報償費疑惑解明求める意見書案可決　四市町議会」
一月二五日「道警報償費疑惑に抗議、道などに五五〇件」
一月二七日「道警報償費、『予算執行は適正』　本部長会見」

不正を認めぬ道警、事実解明を求める道民や自治体。その構図が日に日に強まっていく様子が、見出しだけでも十分に理解できると思う。このうち、一月一四日の記事に出てくる「ホットライン」について、若干説明しておく。

「ホットライン」とは、何か大きな出来事が起きた際、読者・道民からの意見、情報などを求めるため、取材記者が直接応対する特設電話を指す。特別の回線を設置し、フリーダイヤルの番号や応対可能時間を紙面で明示したうえで、記者が電話に出る仕組みである。読者の声ほど参考になるものはない。

裏金問題の際、取材班は何度か「ホットライン」を設けた。そして、その反応がじつに凄まじかった。とにかく、電話が途切れないのである。専用電話は鳴りやまず、すぐに回線がふさがる。

すると、「どうしてつながらないのか」という怒りの声が報道本部の代表電話、本社の大代表電話に相次ぐ。そんな状態だった。記者になって二〇年以上の筆者も、あれほどの反応は、過去に経験したことがなかった。

隠蔽工作を書く

問題の発生当初、道警は不正を全面否定していた。否定は相当の長期に及ぶであろうとの見通しもあった。組織的裏金づくりは、一道警のみの行為ではなかったし、警察庁との摺り合わせなしに、道警が独自の判断で不正を認めることは、まずあり得ないだろう考えていたからだ。

その一方、不正が組織的である以上、道警は必ず「組織防衛」に走るだろうとの読みもあった。形や程度は異なるが、北海道庁の不正の際、筆者は似たようなことも体験している。このため、取材班は「道警の組織防衛」「口封じ工作」などを見逃さず、それを記事にしていくことも目標にすえた。不正が無いのであれば、種々の工作は必要ないのであるから、そうした工作があれば、それは裏金が確実に存在するからこその行為であるとの強い推論も成り立つからだ。

「口封じ」に関する記事の最初は、早くも二〇〇三年一一月五日朝刊社会面に掲載した。「報償費問題　道警本部が口止め　署長やＯＢに　複数幹部が証言」という見出しである。不正発覚から、まだ一〇日程度しかすぎていない。記事の内容はこうだった。

旭川中央署の報償費架空請求疑惑をめぐり、道警が疑惑表面化後の一一月下旬ごろから、本部の課長や署長、ＯＢらに「報道各社の疑惑の取材にはコメントしないように」などと連絡するなど、「口止め」ととれる指示を出していたことが四日、道警本部の複数の幹部の話でわかった。

道警本部のある幹部は一一月下旬、道警本部で上司から口頭で「報償費の取材には応じるな。『知らない』を通せ」と命令を受けた。自分の部下にもその内容を伝え、報償費について沈黙を守るよう指示したという。

別の幹部も同様の指示を受けた。この幹部は「対応に困った」と話し、部下には指示しなかったという。ほかの署長やＯＢも同じような指示や要請を受けたと認めている。

また、旭川中央署で報償費の架空請求があったとされる一九九五年と九七年当時に、同署で勤務していた現職警察官は疑惑発覚後、北海道新聞の取材に対し「道警本部から『この件では何もしゃべるな』と言われている」と明言した。

一方、複数の道警幹部によると、一連の疑惑報道で、警察官の証言がマスコミで報じられるたびに、道警本部は「だれが取材に応じたのか、〝犯人〟捜しをしている」という。

さらに一二月一二日夕刊には「報償費疑惑　『調査と答弁しないで』　道警幹部が道に要請　道議会開会中　本人『言ってない』」という見出しの記事を掲載した。

道警でマスコミ対策、議会対策の責任者を務める総務部長が北海道庁幹部に対し、知事に「報償費問題を調査する」と答弁させないでほしいと依頼していた、という内容の記事だ。取材に対し、総務部長は依頼の事実はないと否定したが、道庁側は工作の事実を認めている。

不正発覚から半年が過ぎた二〇〇四年五月一〇日朝刊には「道警が会計書類改ざん　裏金問題監査対策で工作か　複数が証言『幹部が口答指示』」という記事を掲載した。裏金が「疑惑」から「事実」となりつつある時期で、道警は北海道監査委員の特別監査を受け入れざるを得ない事態に追い込まれていた。そんな最中の「会計書類改ざん」疑惑である。以下の記事前半を読むだけでも、事の重大性がわかるはずだ。

一連の道警裏金問題に関連し、道警内部で四月上旬ごろから、旅費や捜査用報償費などの会計書類の改ざんが行われていた疑いがあることが、九日明らかになった。警察署や道警本部に勤務する警視や警部補など複数の警察官が北海道新聞の取材に証言したもので、改ざんは、高橋はるみ知事の要求に応じて道監査委員が実施中の特別監査に備える「資料整理」の中で行われたという。証言によれば、改ざんは、矛盾が生じないよう書類の記載を整えることが目的で、これ以上の裏金発覚を防ぐ隠ぺい工作の可能性もある。

特別監査は一九九八―二〇〇三年度を対象に、捜査用報償費、旅費、交際費、食糧費の四費目について調べる。五月上旬から監査作業が本格化するのを前に、道監査委員は道警に対し、関連資料の整理を要請していた。

ところが、警察署勤務の複数の署員によると、四月初旬、警察署幹部から全署員に対し、書類の不備を正すよう口頭で指示があった。対象となった書類は「出勤簿」や公用車の運転記録である「運転日誌」、一日ごとの署員の行動を記録した「勤務日誌」や各種会計書類など。こうした指示にもとづき、運転日誌の内容を修正液などを使って作り替えたり、報償費の会計書類に書かれている事件名の書き換えなどが行われたという。

内部書類の「廃棄」「紛失」もつぎつぎと明るみに出た。この種の組織的不正では、必ずと言っていいほど、内部書類を「過って棄てた」という事態が発生する。道警裏金も、まさにそうであった。書類廃棄については、「隠蔽工作」と言い切ることはできないが、ここでは、その後の二〇〇四年五月の主な関連記事の見出しを並べておく。

二〇〇四年
五月一八日「会計文書、一〇都県警で廃棄　警察庁調査九八年度分、三月以降」
五月一八日「会計文書を破棄、釧本と三笠署でも　九八年度分、保存期間内に」（釧本＝釧路方面本部——筆者注）
五月二〇日「会計文書、道警が大量廃棄　道公安委『驚くほどの数』」

五月二〇日「道警裏金疑惑　旭川東、伊達署でも　会計文書廃棄など二四部署で」

取材現場での軋轢

裏金を追及する記事が連日大々的に紙面を飾るようになると、取材現場では道新記者と道警との軋轢が高まってきた。

最初は、単に言葉だけの非難だった。取材班の記者が道警側から投げ付けられたのは、例えば、こんな言葉である。「裏金なんて週刊誌みたいな記事ばかり書いてどうするんだ」「いつから『赤旗』（日本共産党の機関紙名）になったんだ？」「アカ新聞だな」「おまえとこのキャップとデスクは狂っている」「今後、事件ネタはいっさい流さない。道内で大事件が起きたら、道新の社会面は干上がるぞ」。

事件事故が発生すれば、道警側は通常、事案の概要を記した「報道メモ」という文書を作成して記者クラブ加盟メディアに公表する。副署長らが概要を説明する「レク」（レクチャーの略）を行うこともある。こうした場で、道新記者は次第に「いやがらせ」を受けるようになってきた。レクではほとんど何も説明せず、その後に道新以外の記者に詳細を説明する形である。「二度と部屋に来るな」と幹部に言われた記者もいるし、二時間も三時間も延々と文句を言われた記者もいる。各署では、幹部がこぞって道新記者との接触を避けるようになった。

通常の事件事故の取材では、朝夕に捜査員や幹部の自宅を訪問するなどの方法で警察側に接触し、そこで受ける非公式な「リーク」によって、事件事故の捜査情報を記事にするケースが多い。もちろん、「リーク」は、捜査当局が自らにとって都合の良い内容で行っている場合が少なくないが、その是非はここでは論じない。ただ、そうした「リーク」などの積み重ねによって現在の事件事故報道が行われていることは事実であり、その回路が遮断されると、捜査の途中経過を伝えることに重きを置いた現行の事件報道は困難になる。

裏金報道の際、道警はその回路を断ち切ろうとしたし、実際、事件事故報道で道新の遅れが目立つ事例も増えてきた。さらに道警は「道新は共同通信、時事通信に加盟しているから、道新だけを排除してもダメだ。通信社にも情報を出さないようにすべきだ」と考えたようだ。

税金で運営されている公的機関が、自らに都合が良いかどうか、あるいは好ましいか否かといった基準を用い、報道機関や記者を「選別」して良いはずはない。権力側の選別行為は、憲法が禁じた検閲につながる可能性もある。

その一方、このころは他紙に対し、道警が積極的に事件事故情報を伝えているとの話も広がった。「ふだんはほとんどサツを回っていないのに、発表前の報道メモの内容を教えてもらった」と明かしてくれた他社の記者もいる。取材努力もせずに事件情報をもらう他紙の記者を、一部警察官たちは「漁夫の利」「おもらいさん」と呼んでいたほどだ。

他紙の中には、道警幹部に対し、「これを機に道新をつぶしましょう」と言い寄った記者もいたと聞く。もちろん、勢い余ってのことであろうし、「潰す」の意味は「通常の事件事故取材で地元紙ばかりにいい思いをさせないで下さい」といった程度の意味であろうが。また、道警本部長の記者会見を記者クラブとして要求する際も、「道警はカメラなしでないとダメだと言っている」という会社と、「当然カメラも入れるべきだ」という道新などの社が、しばしば対立した。

ただし、こうした状態が続くようになったからといって、裏金追及の手をゆるめようとは全く考えなかった。

もとより、「事件報道」は「警察報道」とイコールではないはずだ。日本の事件事故報道は、捜査の途中経過を伝えることに最大の力点が置かれており、捜査当局と一緒になって犯人探しをすることが習い性になっている。そうした報道、それを支える報道と警察の関係がおかしいのであって、裏金報道によって生じた双方の緊張感については、逆に、事件報道改革へのバネにしたいと考えていた。そのため、筆者は「事件事故報道で他社に抜かれるのは仕方ない。『あす逮捕へ』といった従来型の報道に傾斜するのか、裏金追及などの権力監視に傾斜するのか、どちらが大切かは自明の理だ」と言い続けた。

裏金追及が成功した理由

不正を完全否定していた道警は二〇〇四年一一月、道新の追及や元幹部の実名告発などもあって、とうとう組織的裏金づくりを全面的に認める結果となった。一連のキャンペーンが成功した理由は、これまでの記述から読み取ることができようが、最後に何点かを補足しておきたい。

裏金報道を完遂できた真の理由は、①道警記者クラブの担当記者が追及したこと、②道新が道内最大のメディアだったこと、の二点にあると考えている。

①についてはすでに述べたので、詳述はしない。しかし、「道警のことは道警担当記者が一番よくわかっている」ということは、強調してもしすぎることはあるまい。

記者クラブの「利点」が果たした役割は、それほどまでに大きかったのである。

フリーや雑誌記者が自由に記者室や記者会見にアクセスできないなど、記者クラブが抱える問題は大きい。筆者自身は、記者クラブの閉鎖性はすぐにでも打破すべきであると考えているし、実際、「記者会見と記者室の完全開放を求める会」（代表世話人・野中章弘アジアプレスインターナショナル代表）の世話人も務めている。既存マスメディアの中では、この問題に積極的に取り組んでいる数少ない人間の一人であるとの自負もある。

そうした発想と一見、矛盾するように映るかもしれないが、権力のおひざ元に存在する記者クラブを「権力監視」という本来の意味で利用すれば、調査報道にとってはメリットも大きい。その気になれば、権力中枢の動きを四六時中、見張っていることができる。幹部との接触も比較的容易であり、ちょっとした職場の雰囲気なども察知できる。記事の反応を即座に知ることも可能だ。

問題は「記者クラブをどう使うか」であって、記者クラブの是非論と調査報道は、直接は関係ない。実際、道新の一連の報道は、「記者クラブ詰め記者に調査報道はできない」という最近の一部論調が空論であることを示している。権力側ではなく、読者・市民の側に向かって報道を続けるという確たる意思があれば、記者クラブを拠点にした「権力監視型の調査報道」は十分に可能である。

②の「道新が道内最大のメディアだったこと」については、少し説明が必要かもしれない。調査報道成功の理由としての②には、二つの意味がある。

ニュースを伝達するメディアがパワーを持っていなければ、「権力監視」というジャーナリズム本来の役割は、現実問題としてなかなか実践し得ない。「一〇〇部なら怪文書、一万部ならニュース、一〇〇万部なら世論」という言葉がある。同じ内容の事柄を書いてあっても、伝達範囲が小さければ、社会への影響力が小さいことのたとえだ。

警察に限らず、検察、裁判所、一般行政官庁など権力機構、統治機構が持つ力は、想像以上に大きい。そういった「パワー」に対抗して調査報道を続けるには、市民・世論の支持が絶対に欠かせないし、それを担保するのが「メディアのパワー」にほかならない。新聞で言えば、それは部数である。

道新は裏金報道当時、約一二〇万部の発行部数を持ち、北海道の部数比較では比肩無き存在だった。その地位は、今も変わらない。さらに関連会社にはテレビ局やラジオ局もある。一部の例外を除き、日本には各都道府県それぞれに有力な地方紙があり、それぞれの地域社会に大きな影響力を保っている。全国規模で考えれば、全国紙や民放キー局、ＮＨＫなどが同様の役割を果たしている。

新聞社は営利企業である。そうであるからには、なおさら、購読料を支払ってくれている読者のために紙面を使用すべきであって、ことさら、取材先である権力機構におもねる必要はない。道警不正に置き換えれば、「読者が喜ぶのは裏金を暴く方か、隠す方か」「裏金追及は読者に必要かどうか」という問題設定になる。

先に例示した高知新聞の捜査費不正では、不正を書くかどうかで迷う県警担当キャップに対し、社会部長がこう言ったことがある。「不正の情報は高知新聞記者として取っただろう？　読者の代表として取ったネタである以上、新聞社の都合、記者一人の都合でどうこうできるわけじゃないし、そんなことをしてはならない」。その記者は当時、不正を書かずにおけば、高知県警に「貸し」ができ、通常の事件取材が今まで以上にうまく運ぶかもしれない、との思いも抱えていた。ところが、社会部長のこの言葉で、迷いが吹っ切れたのだという。

②の「道新が道内最大のメディアだったこと」が持つ、もう一つの意味は「取材網」「取材態勢」からの視点である。

世界の趨勢と同様、インターネット・メディアの興隆などによって、日本でも新聞やテレビなどの力はまちがいなく落ち込みが激しくなってきた。記者クラブに張り付いたまま、「発表依存」「政官財依存」の報道を続ける傾向もいっそう強まっている。そうした姿勢が読者の信頼をますます失う原因になっていることは疑いないが、一方では、熟練した取材者を最も多く抱えている組織が既存メディアであることも事実である。

道警裏金問題の経緯を振り返っても明白なように、権力機構と本気で対峙して調査報道を続けるには、一定程度の組織力が絶対に欠かせない。道新の警察担当記者は、それぞれが道警の奥深くに情報源を持っている。階級や部署は千差万別ではあるが、それが逆に、情報の多様性をもたらした。道警内部にも「組織的裏金づくりという悪弊はもう断ち切らなければならない」と考える良識派は多数存在したのであり、取材班はそこに深いパイプを築いていた。

一方、道新の裏金追及は、取材班の七〜八人がおよそ一年間、休暇も満足に取らずに動き回ったからこそ可能だった面もある。この点は、軽く考えてはいけない。どんなに優秀なジャーナリストであっても、一人で間断なく報道を続け、権力悪の全貌に迫り、さらに不正を認めさせることは、相当な困難を伴う。極端な話、組織的な取材態勢が構築できていなければ、そのジャーナリストが体調を崩して休養しただけで、不正追及は頓挫する可能性がある。それもまた、自明である。

将来的に「紙」が没落し、ネットメディアが今以上に勃興した暁にも、調査報道を進める上での「熟練した記者集団」の存在は、不可欠であろう。

むすび

道新取材班による道警の裏金追及報道は、調査報道史に大きな足跡を残したとの評価をいただいた。多くの優れた報道がある中、新聞協会賞をはじめ、日本ジャーナリスト会議（ＪＣＪ）大賞、菊池寛賞、新聞労連ジャーナリズム大賞をいただいたことは、取材班メンバーのささやかな誇りでもある。

本論で述べた事柄は、そうむずかしい内容ではない。不正追及は、やる気と一定程度の準備があれば、日本の新聞社の取材力をもってすれば、さしてむずかしくはないと感じている。ただ、本気で調査報道に取り組むには、ある程度の「覚悟」が必要だろう。「発表依存」「政財官依存」が深まる中で、報道各社はそれに沿った価値観や社風、評価の仕組みを組織内部につくり上げてきた。報道機関の保守化、官僚化が一九九〇年代以降、急速に進んだのであり、それは例えば、「有力政治家と親しい政治記者が出世する」といった文化を指す。

報道各社が権力悪を真正面から暴くような調査報道に取り組もうとした場合、おそらくは組織内の「古い文化」との軋轢が生じるに違いない。新しい挑戦は、いつの時代も足下の旧弊とぶつかり合う。そのとき、新たな挑戦に踏み出そうという記者たちを、報道組織が支援できるかどうか、それを長きにわたって支援できるかどうか。そこが問われるはずである。権力監視を強化する調査報道への取り組みは、報道各社の姿勢そのものを問うものでもある。

道新の裏金追及はその点、最終盤の様相は十全ではなかったと感じている。裏金取材を支えていた道新幹部の姿勢は、その後、明らかに変化し、道警との二人三脚を取り戻そうという方向に動いた。また、道警の元総務部長が前掲の『追及・北海道警「裏金」疑惑』などの書籍の一部記述が名誉棄損だとして、取材者・講談社・旬報社・道新を相手に書籍の回収や慰謝料を求める民事訴訟を起こしたが[1]、それをめぐって、取材班の全く関知しないところで道新幹部らが元総務部長と「どこまで道新側が敗けるか」を事前に交渉していたことも明るみに出た。そうした点を考慮すれば、調査報道に真に必要なのは、取材現場の努力だけではなく、新聞社の経営陣や編集幹部らの確固たる信念であることは明らかだ。

（1）　道警総務部長が提訴した民事訴訟は、一審、二審とも被告の取材者・出版社・道新が敗訴し、被告側は二〇一〇年一一月に最高裁に上告した。裏金報道の「その後」に何が起きたかについては、詳しくは『月刊マスコミ市民』二〇一〇年四月号（ＮＰＯ法人・マスコミ市民フォーラム発行）に掲載された、筆者と同フォーラム理事長川崎泰資氏との対談「北海道警裏金問題の報道をめぐる裁判とジャーナリズムのあり方」を参照されたい。この対談はインターネット上でも読むことができる。(http://www.the-journal.jp/contents/takada/2010/07/post_7.html)。

第4章　検察と国策捜査にせまる

ジャーナリスト　青木　理

真の「特ダネ」とは

調査報道とは、メディア世界で報道の現場にかかわるすべての者にとって、最も重要視されるべき営みの一つである。たとえそれがどのような立場の者であっても——たとえばメディア企業体に所属する組織ジャーナリストであれ、組織に属さないフリーランスのジャーナリストであれ——、その重要性は些かも変わることはない。

一般的に言えば「発表報道」に対置されるのが「調査報道」ということになるのだろうが、その範囲を厳密に定義づけるのはむずかしい。それでも私なりにごく簡単に定義するならば、こういうことになるだろうか。

すなわち、あるジャーナリストが取材し、それを伝えなければ、永遠に隠されてしまう——あるいは、埋もれてしまう——かもしれない事実や問題を独自の調査＝取材で掘り起こし、メディアを通じて広く社会に発信する作業。

これこそが、真の意味で「特ダネ」に値するものというべきだろう。ただ、現実のメディア企業の現場では、放っておいてもいずれ明らかになる事象をいち早く報じることまで「特ダネ」として称揚し、大々的に取り扱われてしまう傾向が強い。いやむしろ、そちらの方が幅を利かせてしまっていると言っても過言ではないかもしれない。その代表例として挙げられるのが、たとえば警察や検察がいつ強制捜査に乗り出すか、といった類の報道である。

もちろん、この種の特報がまったく無意味だと断じてしまうわけにはいかない。たとえば警察や検察といった権力機関や公的組織がいつ、どのような動きに出るかをつかみ、いち早く報じることは、その権力機関や公的組織に対し、外部からの監視が利いているという一定程度のプレッシャーを与える効果などは生じうるからだ。

ただし、こうした報道にひたすら熱中することは、メディアやジャーナリストが警察や検察といった権力機関の〝インナー〟に取り込まれてしまう危険性を強く孕む。当該機関に密着しなければ、そうした情報をつかむのがむずかしい。事実、大手メディア企業の中には、そうした報道をもっぱら得意とする記者がしばしば存在し、彼らの中には、自らが権力機関の〝インナー〟と化してしまっていることを恥じぬどころか、それを自慢げに吹聴してふんぞり返った挙げ句、社内での出世の梃子《てこ》にしようとする芥のごとき人物までいるのだから質《たち》が悪い。

それは論外としても、警察や検察がいつ強制捜査に乗り出すか、といった類の報道を「調査報道」に分類するわけにいかないのは当然だろう。調査報道とはあくまでも、放っておいたら隠されてしまう、あるいは埋もれたままになってしまうかもしれない事実や問題を取材によって掘り起こし、それを広く伝えて問題提起することで社会に警鐘を鳴らし、できうるならばその改善に向けた端緒を作り出すことこそが本来の姿であるからだ。

そんな調査報道について、幾人かの現場ジャーナリストが「調査報道の可能性——ジャーナリズムの再生に向けて」と題して連続報告するという本講座で、私は「検察と〝国策捜査〟にせまる」というテーマを与えられた。これからお話しする通り、検察組織に根深く巣食った問題点を描き出そうとした私の取材・報道は、一般的に考えられる調査報道とはずいぶんと趣を異にしたものではあるのだが、広い意味での調査報道の一形態として紹介させていただきたいと思う。

特捜検察は正義の味方か

いまでこそ検察組織の有り様に懐疑的な報道が新聞やテレビメディアにも散見されるようになっているが、ほんの少し前まで検察組織は、まるで絶対正義かのような装いをまとってそそり立っていた。もう少し正確に言うのなら、新聞を筆頭とした主要マスメディアが検察の問題点を果敢に指摘しようとせず、中でも特捜検察が「巨悪を撃つ正義の機関」であるかのごとき幻想をふりまき続けてしまったのである。と同時に、主要マスメディアにおいて検察組織は、批判が許されぬタブーのごとき存在と化していた。

その理由はいくつか挙げられるのだが、私の個人的な体験にもとづく話を少しだけ語ってみたいと思う。

私は一九九〇年に大学を卒業し、大手通信社に記者として入社した。以後の約一六年間、組織内ジャーナリストとして活動したが、私が通信社記者として報道の現場に脚を踏み入れた時代を振り返ると、国際的には東西ドイツを隔てたベルリンの壁が崩壊（八九年）し、旧ソ連邦が消滅（九一年）して冷戦体制が終焉をむかえ、中国では天安門事件（八九年）が発生している。日本国内に目を転じれば、昭和天皇の死去（八九年）や連続幼女誘拐殺人事件（八八～八九年）などがビッグニュースとしてメディアをにぎわせていた。

そうしたビッグニュースのうちの一つが、いわゆるリクルート事件であった。

当時は新興企業の雄だったリクルート社は、値上がり確実な関連不動産会社の未公開株を政財界の要人らに幅広く譲渡していた。この一端を朝日新聞の地方支局に所属する若手記者らが掘り起こして報じ、他メディアも一斉に追随して未公開株譲渡問題が中央政界にも飛び火し、それが「濡れ手で粟」という流行言葉《はやりことば》とともに大きな社会的問題となった。結果、東京地検特捜部が捜査に乗り出し、最終的には当時の竹下登政権が崩壊する大きな要因をつくるという経過をたどっている。八八年から翌八九年にかけての出来事である。

じつを言えば特捜検察には、ロッキード事件（七六年）で元首相の田中角栄氏を逮捕・起訴して以降、中央政界をターゲットとする捜査を一〇年以上も行えない沈黙の時期があった。これについてはさまざまな要因が指摘されており、ここで詳細な分析を紹介する余裕はないのだが、八〇年代末になって東京地検特捜部がまずは野党政治家をターゲットに中央政界がらみの捜査を再開し、当時の政権与党＝自民党をターゲットとした事件に手をつけることになったのは八九年のことだった。それがリクルート事件だった。

リクルート事件の検察捜査を結果としてみれば、自民党の現職議員では藤波孝生・元官房長官が受託収賄容疑で在宅起訴されたにとどまったが、ロッキード事件から数えるならば、特捜検察がじつに一三年ぶりに政界中枢へと刃を振り上げた事件となった。それは、いまから振り返ってみると、メディア的な意味でもきわめて重要な節目となる事件であったと思う。

私自身は、事件の端緒を掘り起こした朝日新聞の若手記者たちの特報は、今でも否定されるべきものではないと考えている。ただ、一方でリクルート事件は、日本の主要マスメディアにおける調査報道と、近年における検察取材の有り様を歪ませる契機となってしまったのではなかったか。リクルート事件が調査報道の金字塔のように扱われ、まるで特捜検察を突き動かして——あるいは、特捜検察と歩調を合わせる形で——政治権力を撃つことこそが、メディアにおける権力チェックの王道かのような風潮が広がるようになってしまったように思うからだ。

冷静になって考えてみるなら、これはきわめて歪な風潮としか言いようがない。しかし、多くの組織内ジャーナリスト——特に社会部などに所属して「権力チェック」の一翼を担っていると自負している記者——は、おそらくは多くが同じような認識を抱いていたはずだ。自らの無知を顧みずに言えば、私も決してその例外ではなかった。加えて言うならば、多くの検察担当記者たちが、取材によって得た情報を検察に持ち込むなどという行為まで横行したのである。

そして特捜検察は以後、毎年のように中央政界、あるいは有力地方自治体の長、さらには霞が関官僚や財界を狙った大型事件の捜査に乗り出した。表１は、中央政界と有力首長が逮捕、あるいは起訴された事件のみ列挙したものであるが、これをみるだけでも、特捜検察がリクルート事件以降、堰を切ったように数多くの政界事件を手がけたことが一目瞭然となる。

こうした検察捜査は、いわゆる五五年体制下で自民党が一党支配を続けていた時代には、政治権力に対する一定程度のチェック機能を果たしたことはあったろう。ただ、そのたびに主要マスメディアは、検察捜査にひたすら追随する狂乱のごとき大報道を繰り広げ続けた。そして特捜検察は、まるで「巨悪を撃つ正義の機関」かのように祭り上げられていくことになった。

再び私事に話に戻せば、通信社の記者時代、私自身は検察組織を直接の取材対象として活動したことはなかった。二〇〇〇年まで社会部に在籍し、特捜検察が捜査に乗り出した大型経済事件を間接的に取材したことはあったものの、私の主な取材対象は公安警察組織や他種の大型事件、大型災害などであり、以後は国際報道の分野に所属を移したこともあって検察にからんだ取材にはいっさい関わることもなくなっていた。

しかし、その間も特捜検察の内部に漂う腐臭はたびたび漏れ出し、私もそれに強い関心と問題意識を抱いて眺めてはいた。たとえば月刊誌『噂の真相』（二〇〇四年に休刊）はずいぶんと早

表1　特捜検察が手がけた政界事件

年月	事件・該当人物	概　要
1976年	ロッキード事件	
1989年	リクルート事件	
1990年12月	稲村利幸・自民党衆院議員、元環境庁長官	所得税法違反容疑で在宅起訴。
1992年1月	阿部文男・元北海道沖縄開発庁長官	共和事件の受託収賄容疑で逮捕、起訴。
1992年9月	金丸信・前自民党副総裁	東京佐川急便事件の5億円ヤミ献金で略式起訴（罰金20万円）。
1993年3月	金丸・前副総裁と元秘書	所得税法違反の疑いで逮捕、起訴。脱税額10億円余。
1993年7月	竹内藤男・茨城県知事	いわゆるゼネコン汚職の収賄容疑で逮捕、起訴。
1993年10月	本間俊太郎・宮城県知事	いわゆるゼネコン汚職の収賄容疑で逮捕、起訴。
1994年3月	中村喜四郎・前建設相	いわゆるゼネコン汚職のあっせん収賄容疑で逮捕、起訴。
1995年12月	山口敏夫・元労相	旧二信組事件の背任容疑で逮捕、起訴。
1998年2月	新井将敬・衆院議員	日興証券への利益要求事件の証取法違反容疑で逮捕許諾を請求、議員は自殺。
1998年10月	中島洋次郎・衆院議員	政党助成法違反（虚偽記入）などの疑いで逮捕、起訴。
2000年6月	中尾栄一・元建設相	受託収賄容疑で逮捕、起訴。
2000年9月	山本譲司・民主党衆院議員	秘書給与流用の詐欺容疑で逮捕、起訴。
2001年1月	小山孝雄・参院議員	いわゆるＫＳＤ事件の受託収賄容疑で逮捕、起訴。
2001年3月	村上正邦・参院議員	いわゆるＫＳＤ事件の受託収賄容疑で逮捕、起訴。
2002年3月	鈴木宗男・衆院議員	斡旋収賄容疑で逮捕、起訴。
2003年3月	坂井隆憲・衆院議員	政治資金規制法違反容疑で逮捕、起訴。
2004年9月	村岡兼造・元官房長官	いわゆる「日歯連事件」の政治資金規正法違反容疑で在宅起訴。
2006年10月	佐藤栄佐久・福島県知事	建設業者からの収賄容疑で逮捕、起訴。
2006年11月	木村良樹・和歌山県知事	競売入札妨害容疑で逮捕、起訴。

い段階から果敢な検察批判を展開していたし、その報復ともいえるような東京地検特捜部の捜査で編集長の岡留安則氏らが名誉毀損で在宅起訴された際は、岡留氏が私の親しい先輩ジャーナリストだったこともあって激しい憤りを覚えた。

また、二〇〇二年には大阪高検公安部長だった三井環氏が法務・検察組織の「裏金作り」という組織的犯罪行為を内部告発しようと動き、その口封じのために大阪地検特捜部に電撃逮捕されたのは周知の通りだろう。このころは国際ニュースを扱う部門にいた私だったが、検察という巨大な権力装置の薄汚き所業に心底から唖然とすると同時に、その暴走に強く異を唱えようともしない主要マスメディアの態度に深い絶望を覚えもした。

そして私は二〇〇六年春、約一六年間所属していた通信社を離れ、フリーランスのジャーナリストとなった。

ターゲットにされた側の言い分を

ちょうどそのころ、特捜検察の捜査のターゲットとされた人々の中から、検察捜査への憤懣を公然と訴える声が出始めていた。よく知られているところでは元衆院議員の鈴木宗男氏などがその代表格であるし、「国策捜査」などといったフレーズで検察捜査への疑義を唱える主張も一部で盛んになっていたが、私自身の中でも、完全なるメディアタブーと化している検察組織の実相と捜査の問題点を掘り起こす取材に取り組む必要があるという想いはますます深まっていた。

そんな私に、ある企画の提案が寄せられたのは、フリーランスのジャーナリストになって間もない二〇〇六年末のことだったと記憶している。企画を提案してきたのは、元参院議員の村上正邦氏と『週刊金曜日』の編集部であり、その趣旨はおおむね次のようなものだった。

《近年における特捜検察の捜査は、あまりにおかしい。検察捜査のターゲットとされた人々の中からも、強い憤りを訴える人が多く出はじめている。そこで、村上氏と『週刊金曜日』が共催する形で、そうした人々の訴えを聞き、検察捜査の問題点を考える勉強会を立ち上げたい。ついては、勉強会の司会役を務め、その内容をまとめて『週刊金曜日』誌上で発表する役回りを担ってくれないだろうか》

おもしろい、と思った。理由はいくつかある。

まずは何と言っても、私自身が検察捜査の問題点を掘り起こす作業に取り組む必要があると思っていたこと。そして同時に、検察をタブー視する閉塞的なメディア状況に、小さいながらも一穴を穿てるのではないかとも考えた。

前述したように、新聞やテレビを中心とする主要マスメディアにとって、検察組織は長らく「巨悪を撃つ正義の機関」とのみ位置づけられてしまい、捜査動向を報じる際の情報源であることも相俟って、検察に批判的な報道がきわめて困難な状態となっていた。従って特捜検察がひとたび捜査に乗り出せば、主要マスメディアはその捜査動向の報道や周辺での関連取材ばかりに夢中となり、捜査のターゲットとなった人々は徹底して「悪人」のレッテルを貼られ、まるで水に落ちた犬かのごとき扱いを受けてバッシングの集中砲火を受け、時には社会から抹殺されてしまう。主要メディア上でその主張が真摯に顧みられることは、ほとんどないという有様だった。

しかし、当たり前の話だが、捜査のターゲットとされた側にも言い分はあるはずだ。メディアが検察捜査の動向を報じる必要はあるにせよ、そのターゲットとされた人々の主張がほとんど顧みられず、ひたすらにバッシングの対象とされてしまう状況はいかにも異常にすぎる。まして、しばしば腐臭が漏れ出てきた検察捜査に問題点がないとは、どうしても思えない。

ならば、まずは先入観を捨て、検察捜査のターゲットとされて激しきバッシングを一身に浴びた「悪人」の声にも耳を傾けてみようという試みに、私は強い興味と共感を覚えた。ひょっとするとその試みは、検察捜査の現状に対する大きな問題提起となり得るし、少なくとも、主要メディアがその作業をまったく行っていない状況下においては、被疑者とされた側の声に耳を傾け、それを広く伝えるという仕事は、ジャーナリズムの世界に生きる誰かが必ず行わねばならない仕事であろうとも思った。

いわば、ほとんど伝えられることのないまま埋もれてしまっている「検察に狙われた側の視座」に立ったリポートであり、それらの訴えを通じてメディア状況に一穴を穿つと同時に、「絶対正義」かのように祭り上げられる特捜検察の捜査の問題点をおぼろげながらも浮かび上がらせることができるのではないか、と考えたのだ。

もう一つ、企画を提案された私が強い興味を惹かれたのは、村上氏と『週刊金曜日』という組み合わせである。

ご存知かもしれないが、与党時代の自民党で参議院議員を長く務めた村上氏は、労働大臣や自民党参院幹事長、さらには自民党参院議員会長などを歴任し、「参院のドン」「村上天皇」などとも称される政界の実力者だった。また、宗教団体「生長の家」を最大のバックボーンとする右派、あるいは保守派の重鎮政治家として知られ、在職中は一貫して復古主義的な主張と立場で活動を続けていた。

一方、『週刊金曜日』は今や数少なくなってしまったリベラル系の論調を基軸とする週刊誌メディアであり、各種の市民団体などとも密接な連関を有した誌面作りを行っている。「思想」や「立場」からいえば大きな隔たりのある村上氏と『週刊金曜日』だったが、そんな両者が手を取り合い、検察捜査の問題点を考える勉強会を立ち上げてみたいというのである。

もちろん、「思想」や「立場」は異なるといっても、検察捜査への懐疑という点で両者共通の思いは抱いていた。保守の重鎮政治家だった村上氏は、二〇〇〇年にＫＳＤ（財団法人ケーエスデー中小企業経営者福祉事業団）をめぐる事件の収賄容疑で東京地検特捜部によって逮捕、起訴されている。しかし村上氏は、無実を訴えて検察と真っ向から対峙しており、当時は法廷闘争の真っ最中だった。その訴えをできるだけ幅広い層に伝え、共感を得たいという思惑はあったろう。一方の『週刊金曜日』は、言うまでもなく検察や警察といった権力機関に懐疑的な姿勢を取ってきたメディアであり、新たな視座から検察や警察の問題点を抉り出せないかと模索していた。

つまり、双方に双方なりの思惑はあったわけだが、ただ、よく考えてみるならば、検察捜査や刑事司法システムの問題点を検証する作業に、「右」も「左」もありはしない。逆に言えば、右派的な重鎮政治家として名を馳せた村上氏と、リベラル的なメディアである『週刊金曜日』が協力するならば、じつに幅広い立場の人々から直接に話を聞くことができるに違いないだろうと思えた。

だから私は、企画の提案を喜んで受け入れた。

四〇回近い勉強会を通じて

そうしてはじまることとなった勉強会は、翌二〇〇七年の初頭に「日本の司法を考える会」と名付けられて正式発足し、直ちに実地の会合（これを私たちは「ワークショップ」と呼んだ）をスタートさせた。「発足」とはいっても、特別な会則のようなものがあるわけでもなければ、参加するために何らかの条件を必要としたわけでもない。基本的には、誰もが参加できる任意の集まりにすぎなかった。

ただし、いくつかの原則のようなものはあった。まず、企画の提案時から構想されていた通り、会が主催して開く勉強会＝ワークショップには毎回、検察捜査によって塀の内側に叩き落とされた――あるいは叩き落とされそうになった――人物をメインゲストに招き、まずはその訴えに耳を傾けることとした。これがいわば、勉強会＝ワークショップにおける最大の原則である。

　また、勉強会＝ワークショップの場には、検事出身の弁護士ら司法関係者や、与野党を問わぬ現職、元職の国会議員らにも可能な限り参加してもらった。これは、検察捜査のターゲットとされた人々の訴えを言いっぱなし、聞きっぱなしに終わらせるのではなく、訴えの内容などをできるだけ客観的な立場から整理してもらうと同時に、専門的な意見をその場で交換し合うことで当該事件の問題点を多角的に捉えるためだった。

　当然ながら、一般参加者にも門戸を広く解放し、大手メディアの記者、編集者を含む参加者からの自由な質疑応答も可能とした。これもまた、できるだけ問題を客観的かつ多角的に論じたいという理由によるものであり、実際、数多くのメディア記者や編集者が毎回の勉強会＝ワークショップに参加している。加えて言えば、検察などをめぐるメディア報道の問題点も検証し、その改善に役立ててほしい、という想いもあった。

　こうして〇七年初めに始まった勉強会＝ワークショップは現在も続けられており、私の予想通りじつにさまざまで幅の広い人々をゲストに招くこととなった。すでに四〇回近くも行われた勉強会＝ワークショップのゲストとなってくれた方々の一部の名前を挙げれば、表2の通りとなる。

　これはゲストのほんの一部にすぎないが、主に政界を中心とした顔ぶれでありながらも、それぞれがさまざまな地位、分野で活躍してきた人々なのはおわかりいただけると思う。そして、ここに名を挙げたゲストのいずれもが特捜検察による捜査対象とされて逮捕、あるいは起訴されており、その多くは捜査の最中に激しいメディアバッシングも浴びている。

表２　勉強会のゲストたち

ゲスト	肩書き	逮捕・起訴の理由
村上正邦氏	元自民党参院議員、元労相	東京地検特捜部が00年、いわゆる「ＫＳＤ事件」の受託収賄容疑で逮捕・起訴。
鈴木宗男氏	新党大地代表、元自民党衆院議員	東京地検特捜部が02年、受託収賄や斡旋収賄容疑なで逮捕・起訴。
村岡兼造氏	元自民党衆院議員、元官房長官	東京地検特捜部が04年、「日本歯科医師連盟」の闇献金問題をめぐる政治資金規正法違反容疑で在宅起訴。
佐藤栄佐久氏	元福島県知事、元自民党参院議員	東京地検特捜部が06年、収賄容疑で逮捕・起訴。
石川知裕氏	民主党衆院議員、小沢一郎氏の元秘書	東京地検特捜部が10年、政治資金規正法違反容疑で逮捕・起訴。
中司　宏氏	元枚方市長、元大阪府議	大阪地検特捜部が07年、枚方市の公共工事をめぐる談合容疑で逮捕・起訴。
小堀隆恒氏	元枚方市副市長	大阪地検特捜部が07年、枚方市の公共工事をめぐる談合容疑で逮捕、起訴。
三井環氏	元検察官、元大阪高検公安部長	法務・検察の「裏金」問題を告発しようと動いていた最中、大阪地検特捜部が02年、詐欺や収賄容疑で逮捕・起訴。
田中森一氏	元検察官、元弁護士	東京、大阪両地検の特捜部に在籍後、弁護士に転身していたが、大阪地検特捜部が00年、詐欺容疑で逮捕・起訴。
緒方重威氏	元検察官、元高検検事長、元公安調査庁長官	東京地検特捜部が07年、朝鮮総聯本部ビルの売買をめぐる詐欺容疑などで逮捕・起訴。
佐藤優氏	作家、元外務省主任分析官	東京地検特捜部が02年、偽計業務妨害容疑などで逮捕・起訴。
細野祐二氏	元公認会計士	東京地検特捜部が04年、証券取引法違反（株価操縦）容疑などで逮捕・起訴
尾崎光郎氏	元コンサルタント会社社長	東京地検特捜部が01年、いわゆる「業際研事件」の贈賄容疑などで逮捕・起訴
神林広恵氏	フリーライター、月刊誌『噂の真相』の元デスク	東京地検特捜部が95年、名誉毀損容疑で在宅起訴。

暗黒地帯と化した日本の刑事司法

当初の予定通りに私は、これらの人々の訴えと勉強会＝ワークショップでの討論の内容を、「国策捜査」と題し、『週刊金曜日』誌上に連載記事として執筆した。それは現在（二〇一一年五月）も続いているが、二〇〇八年の春にはその中間的な総括として一冊の書籍にもまとめ、『国策捜査――暴走する特捜検察と餌食にされた人たち』（金曜日）と題して出版している。

率直に述べてしまえば、私自身、勉強会＝ワークショップの全ゲストの訴えに心の底から共感したわけではないし、裏付けの取りきれない証言も数多くあった。ただ、私が腑に落ちないと感じた点については、それを私の受け止めとして記事中に率直に記し、裏付けの取れない証言についても、当然ながら記事中にその旨を明記した。また、他にさまざま浮かんだ疑問を少しでも埋めるため、裁判官を長く務めたベテラン弁護士や特捜検察に在籍経験のある元検事らをあらためて勉強会＝ワークショップに招いて話を訊く作業を、村上氏や『週刊金曜日』編集部とともに積み重ねた。

加えて私自身、この勉強会＝ワークショップで得た情報や知識、疑問点などを土台とし、検察組織や刑事司法の問題点に関する独自取材を進めていくこととなった。その取材範囲は法務・検察組織にとどまらず、警察捜査や裁判、刑事司法システム全般に及ぶものとなった。

「日本の司法を考える会」という会合を基軸としたこうした取材・執筆作業が、いわゆる「調査報道」に分類されるものとはずいぶんと趣を異にしているのは前述した通りだが、「検察捜査に狙われた側」の証言を積み重ねることで、検察捜査の問題点をおぼろげながら浮かび上がらせることができるのではないか、という目論みは、私にとって予想以上の成果をあげた。特捜検察の捜査に懐疑的な想いを抱いていた私自身、決して大袈裟ではなく、その病的な実態を眼前にして驚愕し、何度も溜息をつくほどだったからだ。

結論を先に述べてしまえば、その病巣は、特捜検察の捜査などという表層的なところにとどまる問題ではなかった。検察捜査が歪みきっていたのはもちろんだが、その歪みを引き起こしてしまったのは、日本の刑事司法システム全体に蔓延った構造的腐食だったのである。

はっきりと言ってしまえば、この国の刑事司法は、相当な暗黒地帯と化している。

「はじめにストーリーありき」

「はじめにストーリーありきの捜査だった。いくら事実はそうじゃないと訴えても、取り調べ検事はまったく聞く耳を持ってくれず、すべては検察のつくった筋書き通りに事件がつくりあげられていってしまった」

勉強会＝ワークショップのゲストとなった人々が、ほぼ口をそろえて訴えたのが、こんな台詞であった。

いまでこそ、似かよった指摘が新聞などでも盛んに取り上げられている。特に、障害者向け郵便割引制度の不正をめぐる事件で大阪地検特捜部に逮捕、起訴されながらも無罪となった村木厚子・厚労省元局長が同様の証言をしたことは、大きな影響を与えているだろう。ただ、勉強会＝ワークショップをスタートさせた当時の私は、捜査のターゲットとされた人々がなぜにこうも口をそろえて同じようなことを訴えるのかが、今ひとつ腑に落ちなかった。いや、もっと正確に言うのなら、いくら検察が強大な権限を持ち、主要マスメディアが検察批判に及び腰だとはいえ、「はじめにストーリーありき」「検察の筋書き通り」などという無茶な捜査がまかり通り続けてしまっている刑事司法の腐食を、私は皮膚感覚として理解することができていなかった。

しかし、その背後事情は、勉強会＝ワークショップを積み重ね、同じ主張を訴えるゲストを囲んだ議論に耳を傾け、これと並行して独自の取材を続けていくうちに浮き彫りとなっていった。なかでも、元検察官でありながら特捜検察のターゲットとなって逮捕、起訴された人々――たとえば元大阪高検公安部長の三井環氏や元特捜検事の田中森一氏、あるいは元公安調査庁長官の緒方重威氏ら――が、自らの経験を基に検察組織そのものと捜査の赤裸々な内幕を明かしてくれたことは大きい。前述したように、これ以外の特捜検察経験者や元裁判官の弁護士らからも、それを肉付けするような話を数々聞くことができた。

では一体なぜ、「はじめにストーリーありき」などという歪んだ検察捜査がまかり通り続けてしまったのか。この国の刑事司法はいま、一体どのような状況に陥ってしまっているのか。詳細は拙著『国策捜査』などをぜひ参照してほしいのだが、ワークショップの討論や私の取材を通じて浮かび上がってきた刑事司法の実態を、ここでもあらためて概略的に俯瞰しておきたいと思う。

人質司法

話をわかりやすくするために、ある人物がまったく身に覚えのない容疑――あるいは、事実と相当に異なる容疑――で検察に逮捕されたと仮定する。逮捕された人物は、直ちに拘置所に収監され、朝から晩まで厳しい取り調べを受けることになる。

当たり前の話だが、身に覚えのない容疑で逮捕されたのであれば、その人物は取り調べで容疑内容を懸命に否認するだろう。事実と相当異なる容疑であるならば、事実はそうではないと必死になって訴えるはずだ。しかし、検察は事前に自らが描いた事件構図＝ストーリーに従って捜査に乗り出してしまっており、ストーリーに合致する「自供」のみをひたすら迫り続けてくる。その取り調べが行われるのは、担当検事と検察事務官以外は誰もいない密室の空間である。怒鳴り上げられ、徹底的に罵倒され、時には懐柔や説得もされ、厳しい取り調べが際限なく続く。

それでも身に覚えがない容疑を懸命に否認し続けたらどうなるか。逮捕された人物は保釈を得ることができず、起訴後になっても延々と勾留される事態に追い込まれてしまう。

面倒くさい法律論に少しだけおつきあいいただきたいが、現下日本の刑事司法システムにおいて、公訴権（裁判所に対して刑事事件に関する裁判を求める権限）は基本的に検察官が独占している（起訴独占主義）。通常の場合、検察は有罪に持ち込めると確証を持つ事件にしぼって起訴するが、検察が面子をかけた独自捜査であればあるほど――それは特捜検察の案件に顕著だが――、検察は何としても起訴にまで持ち込もうと躍起となる。検察捜査はメディアや世論の注目度が高い上、法務・検察が意思統一して逮捕に踏み切りながら起訴に持ち込めなければ、検察の〝失点〟になってしまうからだ。そして逮捕された人物が容疑を否認している場合、起訴後になっても延々と保釈が得られず、ひどいケースでは何百日も勾留されてしまうのである。

保釈とは、起訴後の被告を釈放する制度である。保証金の納付や住居地の制限などが条件となるが、殺人など重罪の被告などを除けば、裁判所は原則として保釈を許可するよう刑事訴訟法は定めている。しかし、刑事訴訟法は同時に、裁判所が保釈を許可するにあたっては検察官の意見を聴くよう求めてもいる。その検察は、起訴事実を否認している被告については「証拠隠滅の恐れあり」などと弁護側の保釈請求に異議を突き付け、これを裁判所も追認してしまうケースが圧倒的だ。

つまり、刑事訴訟法が起訴後の保釈を「原則」とうたっているにもかかわらず、容疑を否認している多くの被告は延々と保釈が得られない。前掲した勉強会＝ワークショップのゲストを例にとれば、佐藤優氏が五一二日、鈴木宗男氏が四三七日、三井環氏が三二四日、細野祐二氏が一九〇日もの間、拘置所につながれ続けている。

しかし、冷静になって考えてほしい。あくまでも未決の被告段階にもかかわらず、何十日、あるいは何百日も勾留されてしまうなどというのは、異様きわまる事態というほかはない。このような境遇に追い込まれてしまえば、大抵の人は職や収入の道を断たれ、生活は破綻してしまいかねない。何よりも、何十日、あるいは何百日もの勾留生活に、普通の人間ならば精神的に耐えられない。

じつを言うと、こうした長期勾留の悪弊は「人質司法」と呼ばれ、法曹界では長らく批判の的となってきた。保釈を餌にしながら虚偽の「自白」を引き出す――逆に言うなら、長期勾留の恐怖を脅しにつかって「自白」を迫る――といった歪んだ取り調べの温床になっていると指摘されてきたからだ。最近になって若干変化の兆しがみられるものの、類似の事態は相も変わらず頻発し続けている。これは検察捜査に限らず、警察の捜査でも同様だ。

関係者供述も検察の筋書きで

こうした歪んだ取り調べは、何も逮捕された人物ばかりに襲いかかるわけではない。例えば、検察がある人物の逮捕を狙って捜査に乗り出せば、その容疑内容を裏付けるために多くの関係者が参考人などの形で聴取を受ける。じつをいえば、こうした人々にも別件での逮捕や強制捜査の脅しなどさまざまな圧力がかけられている。

誰にしても、聖人君子のように生きているわけではない。特に政界関係者や財界関係者などであれば、突かれたくない恥部の一つや二つを抱えているだろう。そうした関係者に対して検察は、別件での逮捕や強制捜査などをちらつかせながら、狙い定めたターゲットの逮捕容疑を裏支えするような調書を取ろうと謀る。特に検察捜査の対象となる政治資金がらみの事件などは、直接的な物証に乏しいため関係者供述で立証が図られることが多く、参考人などとして取り調べを受けた人々は、多くの人が検察の意のままの調書にサインさせられてしまう。にわかには信じがたいかもしれないが、これもまた、勉強会＝ワークショップのゲストの多くがそろって訴えた現実だった。

だから、狙われた人物は検察に逮捕された時点で、すでに検察のストーリーにあった関係者調書が多数でき上がってしまっていることを知り、愕然とすることになる。ワークショップのゲストの中では、検事出身の弁護士だった田中森一氏が取り調べの実態について次のように打ち明けてくれた。ご存知の方も多いかと思うが、田中氏は東京と大阪両地検の特捜部に在籍し、「辣腕検事」と評判を取りながらも、バブル期に弁護士に転身した後は裏社会の人士の弁護に数々携わり、「闇社会の守護神」などともささやかれることとなった人物である。その田中氏の話は、あまりに赤裸々だ。

「供述調書なんて、はっきり言えば、どうにでもなるんですよ。そこが検事のテクニックです。調書にサインさせるのが検事の仕事だから、正直、ありとあらゆる手を使う。被疑者を怒鳴り上げることもあれば、懐柔することもある。参考人ならば、『お前も少し（拘置所に）入ってみるか』と脅したり、トリックみたいな手を使うことだってある。特に特捜の検事はそういうテクニックに長けている。特捜に捕まって調べに応じないとか、（調書に）署名しないなんて、そんなことができるのは一〇〇〇人に一人もいないんじゃないですか」

自身も大阪地検特捜部に逮捕・起訴された田中氏は現在、詐欺などでの有罪が確定して服役中の身だ。そんな人物の言うことだから信憑性などない、と思うかもしれないが、無実を訴えつづけるワークショップのゲストの多くも同様の訴えを口にしたし、たとえば前述した厚労省元局長の村木氏は最近、法相の私的諮問機関である「検察の在り方検討会議」で、自らの取り調べ経験をもとにこんなことを語っている。

「私が（事件に）関与したという直接の記述がある（同僚らの）調書だけで三〇―四〇通あり、大変ショックでした。本当にまじめに私だけが記憶喪失にかかっているのではないかと思いました。調書は非常に整合性が取れていました」

そう、検察は多くの事件において、自ら作り上げたストーリーに沿った調書を、密室の取り調べの中でほぼ自由自在につくりあげてしまっているようなのだ。容疑を否認すれば保釈を得られない「人質司法」の悪弊は、それを総仕上げするための大きな〝武器〟となってしまっている。

絶望と落胆の果てに

すでに関係者調書が検察の筋書き通りに固められてしまっていることに慄然とし、ひたすら「自供」を迫られ続けた人物は、自分が無実であっても、多くの場合が絶望と落胆の果てに抵抗をあきらめてしまう。当然だろう。関係者調書ができあがってしまっている上、否認を続ければ延々と保釈を得られないのだ。それでも望みを捨てきれぬ被疑者は、こんなことを考えるようになるという。

「検察は自らがつくりあげたストーリーにもとづく〝自白〟を迫ってくるだけで、いくら事実を訴えてもまったく聞く耳を持ってくれない。しかし、認めなければ延々と勾留されてしまって保釈を受けられない。ならば、とりあえずは検事の言う通り認めて〝自白調書〟にもサインし、一日も早く保釈を得よう。検事はわかってくれないけれど、法廷で真実を訴えれば、裁判所はきっとわかってくれるはずだ……」

しかし、これはあまりにも甘く、そして、あまりに淡い期待にすぎない。裁判は多くの場合、法廷における被告の証言よりも、検察官作成による調書の方に圧倒的な重きを置いてしまうからだ。これもまた、「調書主義」と呼ばれて法曹界で長く批判の的となってきた悪弊であり、裁判で無罪などを訴えて抵抗すれば、逆に「反省の情がない」といって量刑が重くなってしまいかねない。

その上、検察が強制権と膨大な人員をかけて掻き集めた証拠物は、基本的に検察がそのすべてを独占してしまい、かりに被告人の無実を示唆するような証拠があったとしても、それに弁護側が気づいて開示請求し、裁判官がこれを認めないと永久に隠されてしまう。一方で法廷に提出されるのは、被告人の有罪を指し示す証拠ばかりだ。これもまた、「最良証拠主義」と呼ばれる、一種の悪弊の一つとされている。

だが、これもよく考えてみる必要がある。検察の証拠収集は、法によって付与された強制権と税金を使って行われるものであり、そうして掻き集められた証拠群は検察の占有物などでは断じてない。本来であるならば、公判前の段階ですべての証拠が弁護側にも開示され、同じ証拠にもとづいて検察側は被告人の有罪を、一方の弁護側は被告人の側に立った立証活動を繰り広げるのが原則であるはずだ。しかし、現状は違う。すべての証拠を検察が独占してしまい、その証拠に弁護側は容易に近づくことすらできない。

「日本の司法を考える会」の勉強会＝ワークショップには、検察捜査のターゲットとされた人々ばかりではなく、警察捜査による冤罪被害に苦しめられた人々も数多くゲストに招いた。その中の一人には、いわゆる狭山事件の石川一雄氏がいた。

狭山事件についてはご存知の方も多いだろうし、ここで事件の詳細について述べることは避けるが、一九六三年に起きた誘拐殺人事件の犯人とされて殺人罪などに問われた石川氏は、七七年に無期懲役判決が確定し、三一年間も獄につながれた末に現在は仮釈放されて社会復帰を果たしている。これまで多数の著名作家やジャーナリストらも石川氏の冤罪を指摘しており、石川氏自身も無実を訴えて再審を求め続けているのだが、この事件に関して警察・検察は、今なおいくつもの証拠を隠し続けたまま開示を拒んでいる。すべての証拠を開示すれば石川氏の無実が裏付けられてしまうからとしか思えないのだが、発生から半世紀もの時が過ぎた事件の証拠すら隠され続けているというのが、この国の刑事司法の現実なのである。

裁判所も検察の言いなり

さらに逮捕された被疑者＝被告人を絶望の淵に陥れるのが、現下日本の刑事司法における有罪率である。最近は良く知られるようになってきたが、公訴権を基本的に独占する検察が起訴に踏み切った際の有罪率は、最終的に九九・九％近くに達している。もちろん、検察は公訴権を独占しているとともに、起訴するか否かを判断する権限も付与されており（起訴便宜主義）、有罪に持ち込める案件に絞り込んで検察が起訴しているという事情はあるにせよ、この無謬的数値はやはり異常にすぎる。

この有罪率について、ワークショップのゲストのうち、作家の佐藤優氏は「これが日本だと思うから腹が立つけれど、イランだとか旧東ドイツ、あるいは北朝鮮だと思えば、『ああ、そういうこともあるな』という話ですよ」と皮肉り、元公認会計士の細野祐二氏は「まるで金の純度表示じゃないですか。これはもはや、裁判が検察の主張を認めるためのセレモニーにすぎなくなっていることを示しています」と訴えている。

まったくその通りなのだ。検察といっても厳密には行政機関の一翼に位置しているにすぎず、三権の一角に聳える司法権の砦＝裁判所がその行き過ぎをチェックすれば何の問題も生じないのだが、現在の裁判は検察の意向に付き従うだけの装置に堕している。従って現在の日本の刑事司法はいわば、検察が起訴するか否かの判断が事実上の〝判決〟となり、裁判所はせいぜいが量刑を決める場にすぎないという指摘は決して大袈裟ではない。

検察に付き従うだけの裁判の病理は、各種令状の却下率などにも如実に現れている。言うまでもないことだが、検察や警察といっても裁判所の令状なしに人を逮捕したり家宅捜索することなどできはしない。その令状も、警察や検察の請求を裁判所が却下する率は下がり続け、近年の却下率はじつにゼロコンマ数％以下となっている。検察や警察の言うがままに令状を発付する裁判所の現状について、ある元検事は勉強会＝ワークショップの中でこう揶揄して苦笑いした。

「裁判所の令状チェック？　そんなもの、まったく機能していないも同然です。押せば自動的にポンと出してくれる、まるで〝自動販売機〟です」

裁判がなぜこれほど検察の言うがままになっているかについては、中央統制が強まった裁判官の官僚化など現下刑事司法の深刻な病理が背後に横たわってはいるのだが、有罪率が九九・九％近くに達するという現状を被告人の立場から見るならば、かりに裁判で無実を訴えても無罪を勝ち取れる可能性など〇・〇一％――つまりは一〇〇〇件に一件の望みしかないことを意味している。

「日本の司法を考える会」の勉強会＝ワークショップのゲストの多くは、それでも無罪を争い続けていた。しかし、無実を訴えて争えば裁判は長期に渡り、膨大な弁護士費用も必要となる。にもかかわらず、現実に無罪を勝ち取れる可能性など皆無に近い。これほど絶望的な刑事司法の現状下、身に覚えのない容疑で逮捕され、被告とされた人物は、果たしていかに振る舞うのが〝賢い道〟なのか……。

数々の刑事事件を手がけてきた辣腕弁護士であると同時に、自身もきわめて歪んだ捜査のターゲットとされて警視庁捜査二課に逮捕された経験を持つ安田好弘氏は、勉強会＝ワークショップのゲストとなってくれた際、こう語って慨嘆している。

「私が逮捕された際、接見にきてくれた友人の弁護士たちから『検事に謝罪して罪を認めた方がいい』とアドバイスされたんです。私はずいぶんと落胆しましたし、闘おうとしない弁護士の側にも大いに問題はあるんですが、でもじつは彼らだけが悪いんじゃない。弁護士がそうアドバイスせざるをえないほどひどい状況になっているのが、今の刑事司法の現実なんです。いいですか。私は否認したから約一〇ヵ月も勾留されました。ようやく保釈された際は、莫大な保釈保証金も必要でした。否認して争っているから、何年も延々と裁判が続いている。ところが、容疑を認めていれば起訴と同時に保釈となり、裁判も早期に終わって執行猶予判決を得られたかもしれない。『嘘でもいいから認めてしまえ』というのは、じつのところ〝真実〟なんです。それほどに日本の刑事司法は惨憺たる状態になっている」

つまりはこういうことだ。

かりに身に覚えのない容疑――あるいは事実と相当異なる容疑――で逮捕されたとしても、真実を訴えて抵抗するなどという無茶な振る舞いにエネルギーを注ぎ込まないほうがいい。運が悪かったとあきらめた方が圧倒的に得策なのだ。取り調べでは素直に「容疑」を認め、できるだけ早く保釈を受けよう。裁判にしても、無罪を勝ち取れる可能性など皆無に近いのだから、無実を訴えて争うなどという無謀な挙にでることをせず、ひたすらに反省しているフリをして情状酌量を訴え、できるだけ早期に結審させた方がいい。そうすれば裁判が長期化して膨大なカネと時間を費消する必要もないし、ひょっとすれば執行猶予判決を得ることができ、獄に叩き込まれるという最悪の事態だけは回避できるかもしれない……。

これこそが最も〝賢い道〟となっているのが、日本の刑事司法の現実だというのである。まさに絶望的な状況だが、にもかかわらず、メディアは刑事司法に絶大な権限を持つ検察組織をタブー視して批判を加えず、政治も検察を怖がって声を発しようとしなかった。そう、日本の刑事司法システムがこれほど惨憺たる状況の中に陥ってしまっているからこそ、特捜検察が「はじめにストーリーありき」という無茶な捜査を営々と続けることを許してしまったのである。村上正邦氏と『週刊金曜日』の共催による「日本の司法を考える会」という勉強会＝ワークショップの議論を土台とし、さらに積み重ねた取材を通じて鮮明に浮かび上がってきたのは、そんな実態だった。

刑事司法の構造的歪み

余談になるかもしれないが、身に覚えのない容疑や事実と相当異なる容疑で検察の捜査対象になるなどというのは、きわめて特異な地位にある人々のみに起こり得るきわめて特異な出来事だ、と思われてしまっているかもしれない。しかし、私がここまで指摘してきたことは、何も特捜検察のターゲットとされた人々のケースに限らない。

最近の事例で良く知られているのは、足利事件の菅家利和氏であろう。周知の通り、菅家氏は栃木県足利市で幼稚園の送迎バス運転手をしていたごく平凡な一市民だったが、ある日突然、まったく無関係の事件――それも幼女殺害という凶悪な犯罪――の被疑者として逮捕、起訴され、無期懲役判決を受けて一七年もの歳月を獄中で過ごさざるを得なくなった。幸運にも無実が証明されて釈放されるに至ったが、その菅家氏もやはり、警察の取り調べでは身に覚えのない容疑を「自白」してしまっている。私の取材に対して菅家氏は、取り調べ時の様子をこんな風に振り返ってくれている。

「何もわからないまま突然逮捕されて、密室の取り調べで（取り調べ係官から）髪を引っ張られ、足を蹴られ、いくら（やっていないと）言っても聞いてもらえなかった。そんなことが連日続くうち、『もう駄目だ』とやけになってしまって……」

勉強会＝ワークショップのゲストとなってくれた人々の事例の中では、鹿児島県志布志町（現・志布志市）で二〇〇三年に捜査が繰り広げられた選挙違反容疑事件が、誰の身にも襲いかかり得る歪んだ事件の一つといえるかもしれない。この事件で鹿児島県警は、選挙中に買収や饗応があったとして計一三人もの町民らを公選法違反容疑でつぎつぎ取り調べ、鹿児島地検も大量起訴に踏み切ったが、実際は何から何までが県警の捏造による虚構事件だったことが後の裁判で判明している。

しかし、住民に対する県警の取り調べは過酷をきわめ、家族の名前を書いた紙を被疑者に踏ませる「踏み字」などという愚行までがまかり通り、取り調べを受けた住民の一人が「警察は何も聞いてくれない。死んだ方がマシだ」と言い残して自殺未遂を図ってしまうほどだった。そして、一三人のうち六人が身に覚えのない「自白調書」にサインしてしまったのである。

一方、買収側として逮捕・起訴された鹿児島県議の中山信一氏は、容疑を一貫して否認した。まったく身に覚えのない容疑なのだから当然とはいうものの、前記した通り、密室の取り調べで否認をつづけるのは容易ではない。否認する被疑者に対しては、例によって「人質司法」の悪弊が襲いかかるからだ。事実、中山氏もじつに三九五日もの勾留生活を余儀なくされている。最終的には鹿児島県警の捜査があまりに杜撰かつ滅茶苦茶なものだったため、

一審・鹿児島地裁で全員が無罪判決を得ることができたものの、先述した刑事事件の有罪率を考えれば、これはむしろ希有な幸運に属すると考えるべきだろう。

この他にも富山県で二〇〇七年、強姦容疑で男性が逮捕・起訴されて懲役三年の有罪判決が確定していた事件をめぐり、男性の出所後に別の真犯人が判明するという冤罪事例も発覚している。この男性もやはり、歪んだ取り調べの中で犯行を「自供」し、その過ちを裁判も見抜けないままでいた。そう、刑事司法システムの構造的歪みは、特捜検察に狙われた人々だけに不利益をもたらすわけでは決してない。

勉強会＝ワークショップのゲストの中には、一九六七年に発生した、いわゆる「布川事件」の

犯人とされた杉山卓男氏がいた。杉山氏も身に覚えのない殺人事件を「自供」して無期懲役判決が確定し、約三〇年もの獄中生活を強いられている。この事件は二〇〇九年に再審が開始されて冤罪であったことが確実となっているが、その杉山氏が、勉強会＝ワークショップの中でこんな風に指摘していたことを私は今も忘れられない。

「私は判決確定まで東京拘置所に収監され、確定後は千葉刑務所で服役したんですが、拘置所にも、刑務所にも、『オレも本当はやっていないんだ』と訴えている人がいました。もちろん、すべての人がそうなわけではないでしょうが、私の目から見ても、この人はまちがいなく冤罪だろうと感じる人が何人もいました。人知れぬところで冤罪に苦しんでいる人は、おそらく相当に多いんじゃないでしょうか」

せめて取り調べの可視化と証拠の全面開示を

繰り返し述べてきた通り、障害者向け郵便割引制度不正事件で逮捕・起訴された村木氏が無罪となったことを契機とし、これまで述べてきたような問題点のほんの一部ではあるけれど、主要マスメディアにもようやく検察捜査の問題点を指摘する報道が出るようになった。中でも、この事件で大阪地検特捜部の主任検事が証拠改竄に手を染めていたという前代未聞の不祥事が表沙汰となり、検察批判はかつてなく喧しくなっている。

事態を転換させる証拠改竄の事実を暴き出したのは、朝日新聞大阪本社に所属する熱心な若手記者らによる果敢な取材だった。これもまた非常に優れた調査報道であり、真の意味での「特ダネ」といえるものでもあり、検察組織の有り様を見直す法相の諮問機関「検察の在り方検討会議」などが発足する契機となったが、果たして事態は大阪地検特捜部の当該検事や特捜幹部のみを指弾してすむものなのだろうか。

答えは断じて「否」である。直接的な証拠物の改竄ではなくとも、ねじまがった調書はこれまでも大量につくられてきたし、何よりも病理は大阪地検ばかりに巣食っていたわけではない。これまで私が知り得た事実を述べてきた通り、この国の刑事司法システムそのものを覆う構造的病理が、検察捜査の暴走を許す土壌になってしまっていたのだ。

では、こうした現状を少しでも改善に向かわせるにはどうすればいいだろうか。この点についても、最後に簡単に触れておきたい。ただし、刑事司法を覆う病理の根は深く、そして構造的な問題であり、これを改善に向かわせるのは容易でない。それでもいくつかは、当面の策を提示することはできる。

まず、捜査機関の取り調べを全面的に可視化することだ。脅迫まがいの取り調べや、保釈を餌として虚偽の自白を迫るなどという捜査手法がまかり通ってしまうのは、「人質司法」など刑事司法システムの数々の悪弊が根本に横たわってはいるものの、取り調べが完全なる密室＝ブラックボックスの中で行われていることによるところは大きい。本来であれば、取り調べには弁護士が立ち会うのが望ましいのだが、せめて取り調べの全過程を録音・録画する「可視化」が導入されれば、脅迫まがいの取り調べや保釈を餌とした誘導的取り調べなどを防ぐ有効な対策となり得る。

取り調べの可視化については最近、それを求める声がメディアや政界でも高まりつつあるが、部分的な可視化にとどまるならば、これはむしろ逆効果になってしまいかねない。検察・警察はすでに一部の刑事事件の取り調べで可視化を試験導入しているが、部分的な可視化にとどまれば逆に検察・警察が都合のよい部分だけを切り取り、現在の取り調べの悪弊を補完する機能を果たしてしまいかねないからだ。従って事件の関係者や参考人なども含む、全面的可視化でなければならない。

もう一つ、検察・警察が収集した証拠類の全面的な開示も喫緊の課題だろう。これも先に述べたが、検察・警察が収集した証拠物は断じて検察・警察の所有物などではない。ところがこれを検察・警察が独占し、場合によっては被告人側に有利な証拠を隠してしまっているかのような現状が、あまりに異常にすぎるのだ。

取り調べの全面可視化と押収証拠の全面開示はもちろん、当面の弥縫的対策にすぎない。刑事司法システムに巣食った悪弊は、「人質司法」にせよ「調書主義」にせよ、あるいは検察に付き従うばかりの裁判の官僚化にせよ、根本的治癒が不可能なほど重篤な状態である。しかしそれでも、この二つの改善策が実現するならば、「はじめにストーリーありき」などという歪みきった捜査を食い止める、一つの手立てにはなるに違いない。

さて、ここまで、私が関わった少々風変わりな取材・報道によって浮かび上がってきた「日本の刑事司法の暗部」とでもいうべき問題点を概略的に紹介してきた。ずいぶんと救いようのない暗い話になってしまったし、こうした取材・報道が一般的に言う「調査報道」とは趣を異にしたものであることは何度か述べたが、私自身は、これも広義の「調査報道」と呼べるものであったと思っている。すなわち、放っておいたら埋もれてしまうだろう事実――たとえば「検察に狙われた側」の人々の証言や、検察組織や刑事司法に数々巣食った問題点――を掘り起こして広く摘示し、微力ながらも検察捜査の問題点についていち早く警鐘を鳴らすことができたのではないか、と考えるからだ。

もちろん、その判断は皆さんにお任せすることとして、私が担当した本講座の最後にもう一つ、一人の記者、一人のジャーナリストとして強調しておきたいことがある。

まず、記者やジャーナリストという職業にある者は、徹底して弱者や少数者の側に立ち、公権力や権威――すなわち「力の強い者」に対するチェック機能を果たすべきであるということ。また、世の大勢が一方に傾いている時、必要に応じてこれに疑義を突きつけるのも重要な使命であろう。そして、この大前提を踏まえた上で、放っておいたら永遠に隠されてしまうかもしれない事実や問題を、特に「力の強い者」が隠している事実や問題を、地道な取材によって摘示する「調査報道」にこそ、ジャーナリズムの本旨があるということだ。

加えて言えば、「調査報道」ほどおもしろい作業はない。記者、あるいはジャーナリストとしての自分自身の中に芽吹いた小さな問題意識を出発点とし、徹底した取材によって巨大で混沌とした現実社会の中に分け入っていく。時には驚くような事実が眠っていることに気づいて興奮させられることもあるだろうし、自分自身の問題意識や先入観がいかに陳腐で皮相なものだったかを思い知らされて愕然とすることもあるだろう。その積み重ねが、闇に埋もれた事実の輪郭を形作っていく。自分自身の中に芽吹いた小さな問題意識が、取材という営為によって引き出された事実で肉付けされ、さまざまな色が重ねられ、新しい事実や問題点の全体像が明らかになっていく。ひょっとするとそれは、社会の歪みを修正する契機となるかもしれないのだ。

私が尊敬している大先輩のジャーナリストだった故・斎藤茂男氏は生前、隠された事実を取材によって明らかにすることの大切さを説き、それを「事実が私を鍛えるのだ」と評していた。そんな作業を生業として行えるのだから、これほどおもしろい仕事はない。もし今後、みなさんの中に報道の現場へと足を踏み入れる方がいたならば、徹底して弱者や少数者の側に寄り添うことを心の中で肝に銘じつつ、「調査報道」というダイナミックな営為に積極的に関わっていってほしい。私自身も、メディア世界に生きるものの一人として、そんな作業を今後も続けていくつもりだ。

第5章　調査報道とはなにか

ジャーナリスト　山本　博

調査報道（investigative reporting）とは、ひとことで言えば、ジャーナリズムによる公権力の監視、である。

通常、一般的なジャーナリズムは、政界、官界、財界などの公権力から情報を取り、それを記事にする。口の堅い相手に食い込んで何とか貴重な情報を探り出す場合もあるし、相手側からのリークもある。しかしいずれにしても、相手側、つまり公権力側は、自分たちにとって都合の悪い事実は漏らさないし、まして、国民から見て疑惑が一杯の事実や腐敗は、隠し通す。

公権力の隠れた疑惑、腐敗、ウソなどをジャーナリズムが自らの責任で調査し、国民の知る権利に答える行為が調査報道という報道の一形態である。主権者である国民は、公権力が裏で何をやっているのかを知る権利をもっている。そしてジャーナリズムはそれを知らせる義務がある。ジャーナリズムが、当局からのもらいネタばかりを書いていたのでは公権力を監視し、隠れた疑惑や腐敗を明るみに出すことは不可能だ。「権力は腐敗する、絶対的権力は絶対的に腐敗する」と言ったのは英国の歴史学者アクトン卿だが、人間の歴史はまさしくそれを証明している。

一般的に普通のジャーナリズムは、速報に命を懸ける。国の進路をいち早く知ろうとする。国民にとって、そうした報道はもちろん大切だ。しかし、公権力の裏に隠された国民に知られたくない事実や疑惑、腐敗をあばくことは、ある意味で速報や国家の大事より重要である。それが調査報道であり、担当するのはもっぱら社会部記者である。

例を日露戦争にとってみよう。日露和戦どちらか？　この日本の進路、国家の大事を探り出すのは政治記者の役割だ。では開戦となったとき、戦費のひっ迫する日本はどんな手段をとるのか？　それは西欧で外債を発行することだ、という貴重なネタを取ってくるのが経済記者の任務である。では社会部記者は何をするのか？　それは、武器弾薬の購入に関し、政治家、軍人、役人、業者の間に汚職の疑惑があることを調べて突き止めることだ。それが納税者である国民にとって、きわめて重要な情報である。これが調査報道の一つの形態だ。

しかし、残念ながら、長らく、日本では公権力の監視、疑惑の追及、腐敗の暴露といった調査報道は見られなかった。衝撃は海の向こうからやって来た。米国ワシントン・ポスト紙のウォーターゲート・スキャンダル報道である。時のニクソン大統領はこれによって失脚する。日本では、立花隆氏の「田中金脈追及」が最も早い代表である。

速報や国の進路の情報と比べて、調査報道つまり公権力の監視がある意味でより重要なジャーナリズムの役割であるというのはどうしてか。それは、アクトン卿の言うように権力は腐敗するからである。そして、放っておけば、大暴走まで至る。戦前、日本国民は、軍部の腐敗と暴走によってどれだけひどい目を見たか。当時、ジャーナリズムは軍部という公権力を監視し、国民に知らせたか。ウソにウソを重ねる報道を繰り返したあげくの悲惨な敗戦。福島原発事故もその一例であろう。

調査報道は、ジャーナリズムが、列車の探照灯であることを意味付けている。列車が暴走する。行く手には線路に大きな岩が転がっている、このままでは、衝突、大惨事だ。そこで、探照灯が前方の大岩を発見、乗客である国民に警笛を鳴らし、暴走を食い止めさせる。

残念ながら、こうした調査報道は数多くはない。いぜんとして報道の主流は、当局からの情報である。注1にあるように、朝日新聞の論説委員でコラム素粒子担当だった河谷史夫記者は、著書『酒と本があれば人生何とかやっていける』の中で「調査報道は稀なり」という文章を書いている。記者が怠けているとは思わないが、上司の無理解もあってか、多くの調査報道がいの記事は、捜査当局が摘発したか、摘発前のリークかに頼って、補完的な調査報道に止まっているケースが目に付くのは、無念の気持ちすら沸く。

では、具体的に、調査報道とはどういうものか、私のいくつかの体験から二例を上げて見よう。

1　リクルート事件

第一にリクルート事件。「リクルート事件によって、五五年体制が崩壊した」「リクルート事件がなかったらその後の政界再編成、政治改革は実現しなかった」などといまでもあちこちでいわれるリ事件とは、リクルート社が子会社の未公開株を使って、政官財の要人たち多数が濡れ手で粟の大もうけをした事実だが、後に検察の捜査に発展、リ社から四四人の政治家に一三億円もの巨額のカネがばらまかれ、政治家、役人、財界人ら二〇人が起訴され全員有罪、そして時の竹下政権が崩壊した事件である。一九八八年から八九年にかけてのことである。

造船疑獄、ロッキード事件と並んで戦後三大疑獄事件と呼ばれる。造船疑獄、ロッキード事件と大きく異なるのは、捜査が先行しジャーナリズムが後追いをして行ったのではなく、ローカルビューローである朝日新聞横浜支局と川崎支局の若い一、二年生の記者たちが切り開いた事件だったことが、日本の、いや世界のジャーナリズムにあって特段の注目を集めたことである。

おもしろいネタ

端緒はサツネタだった。八八年の春、私が横浜支局のデスクとして当番に当たっていた夜、警察担当の記者が上がって来た、少し興奮していた。「おもしろいネタがあるんです」「何だ」「リクルート社が川崎にビルを建設しようとしているのですが、その認可に川崎市筆頭助役が便宜をはかり、見返りにリ社の優良子会社の未公開株をもらい、公開で一億円の利益を得たと言うことで、目下、警察が汚職事件として内定中、近く、逮捕が予定されています」。

これはおもしろい、私は思わずひざをたたいた。なぜかといえば、役人の汚職容疑は一杯あるが、たいがいは、土建業者が工事に便宜を図ってもらうお礼に土木部長に現金を渡した、と言ったケースばかりだ。今度は違う。おもしろい要素が三つもある。一つは、ワイロをもらった役人が、清潔が売り物の川崎革新市政の筆頭助役であること。二つ目は、ワイロを渡した業者が銀座のど真ん中に総ガラス張りのビルを建て注目された今売り出し中のリクルート社であること、三つ目が最も注目するところで、ワイロがこれまでのような現金ではなく、未公開株という点だ。

当時はバブルの真っ最中だった。株価は毎日毎日うなぎ登りに上がっている。優良会社の未公開株が公開されれば、たちまち高値がつくことは子供でもわかるくらいだ。そこを利用して、未公開株をワイロに使うとは、なかなかリ社の江副浩正社長というのは頭がよいな、と感心した。

ところがしばらくすると、当の記者がしょんぼり上がって来た。「デスク、あの事件だめです、ポシャりました」「え、なぜだ」「一つは時効です、贈賄の時効は三年、助役がもらってから三年過ぎてしまった。もう一つは未公開株の譲渡がワイロと認定するには無理があるとの見解です」。

これまでなら、ここでお仕舞いである。捜査当局の後追い取材だから、当局が手を挙げたら、こちらも同様断念だ。似たようなケースはいくつもある。汚職の内偵捜査は実る方が少ない。通常なら「残念だったね、ご苦労さん」で一杯やって解散だ。

しかし、私は違う考えをした。ジャーナリズムによる権力の監視の必要性とリ社と助役の社会的責任追及である。ただちに数人の取材班を編成、こう述べた。「刑事責任としては時効もあり、無理だろう。しかし、リ社と助役は灰色であり、社会的責任は免れない。ここで我々が断念してしまえば、この事件は国民に知られる事なく、やみからやみでお仕舞いだ。ジャーナリズムは知らせる義務がある。これからは、捜査当局に依存せず、我々独自にこの事件を一から調べ直し、事実と証拠を固め、関係者にインタビューして、横浜支局の責任で記事にしよう」。そして、「やるからには、全部実名だ、責任は私が取る」と話した（注2）。

若手取材班の奮闘

支局の構成は大半が一、二年生だ。経験は浅い、ただ熱意と努力は経験者を越える。これまでにいくつかの調査報道を経験して来た私が指導していけば何とかなるだろう、と思った。こうして、横浜支局のリクルート疑惑追及取材が開始された。

ビル建設と便宜のはからい、助役の未公開株入手などの基本取材は、一、二年生の休日返上、深夜早朝の仕事ではかどり、助役の容疑は独自に固めることができた。問題はインタビューだった。私宅前で張り込み、帰宅するところを捕まえて、質問したが、助役は「それは自分ではない、別の人だろう、なにかのまちがいだ」と全面否定。しょんぼり帰ってきた支局の記者に私は「なに、また行けばいいさ、人間同じウソは突き通せない、必ずボロがでる。そこを追及すればよい」。そういって、次回からは録音テープをもって行き、やりとりを録音しておくことを命じた。他の記者にも、録音テープを持つことを忘れるなと言った。後段でも述べるように、政治家や役人などは疑惑追及に対し、ウソを言う場合が多い。言った、言わないの争いを防ぐためにも、裁判になったときの証拠としても、取材のときの録音テープは必携だ。

助役のインタビューは六回に及んだ。毎回言い逃れが少しずつ違う。録音テープが威力を発揮、その食い違いを責め立てると、六回目にして助役は観念した。

リ社へは取材要求も面会も断られ、最後に手紙も出したが、なしのつぶてだった。

取材拒否はそれはそれでよい、助役の告白がある。基本取材も完ぺきだ。ゴーサインを出す段階になった。ここで問題が生じた。警察幹部と横浜地検幹部から「記事にするのはやめろ。助役とリ社から訴えられるぞ」と担当記者へ圧力がかかったのだ。それはそうだろう。事件にできなかった事実が、勝手に新聞に出ては、自分たちのメンツが丸つぶれだ。急きょ、支局会議が開かれた。捜査担当記者たちは「やめましょう」。もっと積極的に記事化反対の人たちもいた。私は、断固、掲載を主張。こういうときに重要なのは、ふだんは黙って見ているだけの支局長の存在だ。水木初彦支局長は、断を下した、「山バクデスクの方針でやろう」。山バクとは、私の愛称だ。

ところでもう一つ問題があることがわかった。記事を本社が採用してくれるのか、県版回しになってしまうのか、と言うことだ。本社編集局の幹部の中には、警察が断念したものを新聞社の責任で掘り起こして記事にするなどと言うことに絶対反対の人たちがいることを知っている。その圧力に負けてしまう本社社会部デスクだったら、まちがいなく県版回しだろう。

そこで、私は当時の社会部デスク当番表をにらんで、もっとも気骨のある高木敏行次長に白羽の矢を立てた。私宅に電話をした。事情を話し、予想される社内の圧力に抵抗できるか聞いた。返事は「やります」だった。こうして、記事が送られ、全社通しで社会面のトップを飾ることになった。高木デスクからそういう報告がくる一方で「山本さんの予測どおり圧力が来ましたが、やり過ごしました」と。朝日新聞社会部では、それまで数々の調査報道が重ねられ、新聞協会賞も何度か得ていても、社の幹部に無理解者が少なくないことを証明したケースと言えよう。

中央政界をまきこんで

しかしじつは、そのとき、横浜支局取材班はそれどころではなかった。助役の疑惑と並んで中央政界の森喜朗元文相が、同じようにリ社から未公開株をもらい濡れ手で粟の大もうけをしている事実をつかんだのだ。助役疑惑を報じる翌日の紙面を載せた輪転機がごうごうと回っているその夜、支局員は世田谷瀬田の森邸を訪ねた。門前で待つことしばし、ほろ酔いで車から降りて来た森氏は、支局員の質問にあっさりと、「ああもらったよ、江副君が、近く公開するから、多少の小遣いになるだろうと言ってね」。記者は、助役の否定で苦労したばかりだったから、拍子抜けした。

ここで私は失敗をする。勢い込んで、「次は森をやりましょう」という支局員の提案に対し、いや待て、と制した。理由は、別の支局員が、中央政界首脳多数に及ぶ未公開株疑惑の事実をつかんで来ていたからだ。つまり、横浜支局というローカルビューローが、中央政界要人多数の疑惑を追及するという世界でも例のないことを手掛けようとしていたのだ。これは、一にも二にも助役が否定を続けたお陰だった。あのとき、助役があっさり認めていたら、リクルート事件は、助役止まりのあまり世間を騒がせない疑惑追及報道で終わっていただろう。助役が何度も否定を繰り返すので、それでは今度こそ動かぬ証拠を集めて告白させようと勢い込んだ支局員は、なんと、政界首脳複数を含む要人多数が同じことをしていたという証拠を手に入れたのだ。つまり想像もしていなかった大金脈にぶち当たったのだ。

私はこの証拠をもとに、横浜支局独自の取材で政界要人多数を一網打尽にしてしまおう、と決意。そのためには一つ一つの裏取りとインタビューが欠かせない。いまここで焦って、森代議士を書いてしまえば、肝心要の要人多数に逃げられる恐れがある。それで待ったをかけたのだ。それに、当時の森代議士はまだ中堅で、大物とはとても言えず、将来、首相になるなどとは夢にも思わなかったことがある。「こんな中堅にかかずりあって、政界要人多数を逃がしては取り返しがつかない」との思いだ。

ところが、一、二日後、産経新聞に小さく「森代議士も受領」という記事が出た。これには仰天した。なぜなら、森代議士がもらっている事実を知っているのは朝日新聞横浜支局だけのはずだったからだ。記事を子細に読んでなぞが解けた。記事には「近く公開するとは知らなかった」という森談話がのっているのだ。うちの記者の森代議士インタビューの録音テープにははっきり「近く公開するから多少の小遣い銭になりますよと江副に言われた」と録音されている。つまり、酔っていたこともあってか、記者の質問にあっさり認めてしまった森代議士は、翌日の朝日新聞の助役疑惑記事を見てびっくり、あわてて隠ぺいを考え、知り合いの産経新聞に自分でネタを持ち込み、そのさい「公開するとはしらなかった」と書いてもらったのだろう。大きな体をして、セコイことをするやつだと思った。もちろん、産経の後追いみたいになったが、「近く公開するから」の録音の下りを入れて、産経の記事とは事実が違うことを明記して、記事にした。この録音テープはいまでも保存してある。

さていよいよ中央政界要人多数の疑惑追及だ。入手した記録をもとに要人の中で、まず裏が取れ、インタビューできた順に、記事にして行った。渡辺美智雄代議士、加藤紘一代議士など近い将来の首相候補と言われる大物のほか野党の塚本三郎民社党委員長らだ。いずれも秘書や家族名義で取引し、未公開株の購入資金はリクルート社関連のファイナンスから借り受ける形にして、公開直後に売り払い、差益だけ政治家の懐に入るという手口だ。政治家にとってまさに濡れ手に粟のうまい話。また、もらう株は数万数千株と判で押したように端数がついている。これは、端数は名義人の手数料、大きな数字は政治家本人向けと、後の裁判でも認定された。

この取引について、朝日新聞社内でも「経済界にはよくあることで別に問題にすることもない」と言う意見も聞かれたし、後に、江副氏は出版した本の中でもそう主張している。しかし、こんな濡れ手で粟のうまい話が普通の国民にあるはずはない。ただ、私は、記事にする段階で、そういう意見や主張が出てくることを予測し、記事に取り上げる対象は公人、つまり政治家や役人に絞った。入手した記録には経済人や評論家、音楽家などもあったが、それらは全部除外した。後に、全国、全マスコミが大騒ぎをして、未公開株をもらった人たち全部がやり玉に上げられる事態となったが、それは、我々の取材や記事化の時とは別のものだ。

中央政界要人の追及は、ついにトップへたどりついた。中曽根康弘前首相、安倍晋太郎自民党幹事長、宮沢喜一副総理兼蔵相の三人。手口は前の要人たちとほとんど同じだ。同様の濡れ手で粟の大もうけ。「政界首脳の秘書名登場、中曽根、安倍、宮沢三氏。公開の直後に売却」と八八年七月六日の朝日新聞一面トップにでかでかと掲載された。さらには現職の竹下登首相ももらっていたことを報じた。

世間は騒然となった。マスコミというマスコミが、新聞、テレビ、週刊誌、雑誌、あらゆるジャンルの報道機関が横浜支局の特ダネを追いかけた。

我々がやれることはここまでだった。調査報道として、果たすべき役割は果たした。折から、朝日新聞の一大イベントの夏の高校野球神奈川県大会が始まる。支局員をそこへ割かなければならない。おまけに、相模湾で釣り舟が自衛隊の潜水艦に衝突され、三〇人が死亡するという大事件も起きた。

リクルート事件自体は、別に第二幕が開く。国会での追及を恐れたリクルート社が、野党議員に五〇〇万円を口封じに渡そうとして発覚、これを機に、東京地検特捜部が腰を上げ、未公開株疑惑は刑事事件へと発展する。各社とも、本社の出番となる。

しかし、リ社は、野党議員の口を封じようとするなら、なぜ、横浜支局の口封じを画策しなかったのか。疑問に思っているうちに、じつは、未公開株は大マスコミ首脳の手にもわたっていたことがわかった。日本経済新聞社長、読売新聞副社長、毎日新聞編集局長。幸いというべきか、朝日新聞でもらった人はいなかった。横浜支局へ口封じ工作をしなかった理由もその辺にあるのだろう。

私と取材班はこの一連の報道で、ＪＣＪ賞を受賞したが、海の向こうからもおほめにあずかることとなった。まず、ワシントン・ポスト紙東京特派員からインタビューを受け、同紙の国際面トップに記事が載った。これがきっかけとなったのか、米国調査報道記者・編集者協会で特別表彰されるという日本人で初めての名誉に浴した。当時、私は本社社会部デスクとして近づく総選挙担当になっていてきわめて多忙で、米国へ表彰を受けに行く時間がなかったこともあり、アメリカ総局長の内藤頼誼氏に代理出席をお願いした（注3）。快く引き受けてくれた内藤氏は、式の後、こう連絡して来た。「スピーチを終えると、全員がスタンディングオベーションだった。表彰理由の最大のものは、ローカルビューローが中央政界中枢へ迫った調査報道だということである」。

未公開株事件は、東京地検の手で藤波孝生官房長官、江副社長ら二〇人が逮捕、起訴され、全員有罪となり、結局、竹下内閣の崩壊につながるが、それらも最初の助役疑惑が明るみに出なかったら、全く違う事態になっただろう。調査報道という端緒こそ全てなのである。

2　もう一つの株疑惑――権力の反撃に対して

体験的実例の二つ目は、中曽根元首相にからむもう一つの株疑惑、権力の反撃との戦い、である。

リクルート事件が終わって、一段落した八九年の秋。翌年早々にも予想される総選挙の準備を兼ねて、永田町を中心に関連取材先を一人で毎日コツコツ歩いていた私は、ある日、とんでもない話を耳にした。リクルート事件で中心人物と目され、国会で証人喚問を受け、責任を取って自民党を離党している中曽根元首相に、じつは、リクルートそっくりの別の巨額な株疑惑がある、というのだ。

びっくりした。なぜなら、その株疑惑には、株の投機屋であり、中曽根元首相ときわめて親しいことで知られる小谷光浩氏がからんでいるということだったので、「本当ならこれはすごいネタになる」と震える思いがした。

それから、休日返上、深夜早朝まであちこち心当たりを当たってみた。一二月の中ごろ、とうとう手ごたえにぶつかった。それは、驚くべき内容だった。中曽根氏がまだ首相在任時代、中曽根氏の長い間の金庫番として知られ、リクルート事件でも登場する太田英子秘書名で小谷が買い占め中の株を相対取引して、太田側が巨額の利益を得た、というのだ。当時はバブルの株急騰期、株の売買で政治家側が業者から巨額の利益を得るというのは、まさにリクルートそっくりの構図ではないか。

証言を裏付ける物証を

だが、調査報道は、第三者の証言だけでは記事にできない。当事者の直接証言やリクルート事件のように動かぬ物証が必要だ。そこで、なんとか物証を入手できないかと探り回った。ついに、太田秘書と小谷との相対取引の書類二通を手に入れることに成功した。驚くべき内容だった。

一通目は、中曽根氏が首相時代の一九八七年八月二二日付で、当時、小谷氏が買い占めて株価が急騰中の一部上場の航空測量最大手の国際航業株一〇万株を五億一〇〇〇万円で、小谷氏が太田秘書へ売却、二通目は、それからちょうど一ヵ月後の九月二一日付でこの株を今度は小谷氏が六億三〇〇〇万円で買い戻す、という相対取引だ。つまり、太田秘書側は、一ヵ月で差し引き一億二〇〇〇万円もの巨額のもうけとなった。こんな変な取引があるのだろうか。株式市場で仕手戦真っ最中の株を相対取引すること自体が異常だが、なにより、この取引は、一方的に小谷側が損をして、太田側が得をしている。小谷側が太田秘書側へカネをくれてやったも同然ではないか。これもリクルートそっくりの構図だ。

これは十分に調べる価値のある対象だ、と私は確信。さっそく、選挙班数人を集め、取材班とした。裏を取る、関連取材を固める、当事者へのインタビューなどを取材班へ指示した。

まず、入手した相対取引書がまちがいなく本物である裏付けのため、太田秘書のサインを確かめた。取材班は六通の太田秘書の筆跡書を手に入れた。これを複数の専門鑑定家に調べてもらった。「二通とも、太田秘書の筆跡にまちがいない」との鑑定結果を得た。

ところがここで一つ不思議なことがわかった。二通の相対取引書の太田秘書のサインは、一ヵ月の時間を経ているのに全く同様である。ところが、取材班が入手した六通のサインはどれも筆跡がそれぞれかなり違う。つまり、普通の人間は、場所と時が異なれば、自分の名前を書くのも異なった字で書くということだ。それを六通は証明しているが、相対取引書の二通は、一ヵ月の時間をおいているのに全く同じ字。これはどういうことなのか。我々は合理的に推測した。つまり、二通の相対取引書はじつは同時に作成したのではないか。九月二一日の取引のとき、一ヵ月前にさかのぼった書類を同時に作ったのではなかろうか。つまり、もともと、売買などは存在せず、太田秘書側へ一億二〇〇〇万円をあげるための工作だったのでは。疑念は強まった。

もう一つは、売買があったとしたら、太田秘書は、五億一〇〇〇万円で買ったのだから、その購入資金の出所は何処か。なぜなら、当時は、「長者番付」と称して、年間一〇〇〇万円以上の所得のある人は、税務署が公表していた。ところが、取材班が調べたところ、太田秘書は、一度も長者番付に登場していない。五億一〇〇〇万円ものカネは持っていないのだ。疑念はますます強まった。

こうした数々の疑念を晴らすためにも、当事者へのインタビューは欠かせない。中曽根氏は予想通り取材拒否、替わりに上和田筆頭秘書に面会した。「中曽根先生には関係ない、太田が勝手にやったことだろう」との返事。難航したのが、太田秘書と小谷氏だった。ガンとして面会しない太田秘書へは手紙を出した。間もなく、太田秘書の関係者をへて返事が来た。取引は否定せず「中曽根先生には無関係」との主張だ。売買のカネの出所については、「購入する国際航業株を担保に小谷氏から借り、売却した際、返した」とのこと。仰天した。まだ買ってもいない株を担保に相手から資金を借り、一ヵ月後に売ったときに返すなどという方法があるのか。疑念はますます強くなった。

小谷氏の場合、なんと取材班の一人が家族にバットで殴られ、一週間のケガをした。診断書を手に、私は、小谷氏指定のホテルでインタビューすることになった。「傷害で訴えることもできるが、ここは、真実を話してもらえば良い」と打診。うなずいた小谷氏は、差し出した相対取引書二通を食い入るように見つめ、「どこからこれを」とつぶやいた。取引書類自体は本物と認め、中曽根元首相と懇意であることも否定しなかったものの、前者同様「中曽根元首相とは関係ない」の一点張りだった。

中曽根元首相との直接的関係はあいまいだったが、疑惑を裏付ける取材は出そろった。ちょうど大みそかだった。「元日の一面トップで」と当番デスクに声をかけた。快く応じてくれ、社会面見開きの関連記事掲載も取り付けた。

こうして、一九九〇年一月元日の朝日新聞一面トップに「中曽根元首相側近名義で株取引　一億二千万円の差益　一〇万株譲った一ヵ月後、高値で買い戻す」と言う記事が、動かぬ証拠の相対取引書二通とともに掲載された。社会面見開きの関連記事では、証券アナリストの「不可思議な取引」などという補足記事を加えた。同時に、一秘書に一億二〇〇〇万円を事実上くれてやるという疑惑について、小谷氏ときわめて親しい中曽根元首相の存在があるからこその行為だ、との確信のうえで、「巧妙な政治献金ではなかったかとの疑いは消えない」との論評を書き加え、読者の抱く疑問に答えた。

我々は、この第一弾にすぐ続けて、筆跡の疑問、購入資金のナゾなど、いくつもの続報を連打した。特に、中曽根元首相と小谷氏との親しい関係を明らかにする記事として、当時、ポスト中曽根をめぐって竹下、安倍、宮沢の三氏が後継を争っており、宮沢派大幹部の加藤紘一代議士が、「宮沢に頼む」と小谷氏に依頼した事実をつかんだので、これも書くことにした。このとき、社会部デスクで「山本さん、加藤と言う人から電話」と呼ばれた。出ると加藤紘一代議士だった。「山本さん、その小谷に依頼したという記事やめてくれないかなあ」との要請。これでこの記事の裏が取れたし、中曽根元首相と小谷氏との親しい関係、政治影響力までわかって、当然、記事にした。

ところでここで驚くべきことが起きた。元日の第一弾のとき、同じ元日の読売新聞一面トップに、中曽根元首相とキッシンジャー元米国国務長官との国際情勢分析の記事がでかでかと掲載されたのだ。繰り返すが、当時、中曽根元首相は、リクルート事件の疑惑の責任を取って自民党を離党している。総選挙を目前にかってない苦境に立たされていたのだ。その中曽根元首相の復権を図るような記事を掲載した読売に驚いたが、これは、中曽根元首相ときわめて親しいことで有名な読売のナベツネ氏が画策したものと合理的に推測した。

雑誌、週刊誌などはこれに飛びついた。週刊誌の中には「朝日新聞の記事は、スキのない完ぺきな調査報道」と評価してくれたところもあったが、大半は、「読売が中曽根復権を図る記事を載せることを察知した朝日が、新たな疑惑をぶつけた」とうがった記事を書くところが目立った。もちろんそんなことはない。我々は、元日の朝、読売を見るまで、全く知らなかったのだ。ここに、ジャーナリズムとは何かについての基本的考えの違う二大メディアの立場が明確になった。どちらをとるかは、読者、国民の選択だ。

名誉毀損で訴えられる

一連の連打の直後、中曽根元首相は朝日新聞を名誉棄損だとして謝罪広告を出すよう東京地裁に民事訴訟を起こした。

権力の調査報道に対する反撃だ。朝日新聞が調査報道で訴えられるのはこれが初めてである。我々は、確かな物証をはじめ二ヵ月に及ぶ詳細な取材ノート多数、インタビューの録音テープなど裁判に備えて万全の準備を整えていたので、びくともしなかった。

このとき読売は社会面トップで「朝日訴えられる」と大々的に報じ、週刊読売にいたっては「朝日新聞が謝罪広告を出すとき」とまだ裁判も始まっていないのに、あたかも朝日側が敗訴したような記事を書いた。

訴えのポイントは、社会面関連記事の「巧妙な政治献金ではなかったかとの疑いは消えない」との論評個所に絞られ、「その差益金は中曽根の懐に入っていない、入っているかのような記事は名誉棄損だ」というものだ。

証人に立った私は、「疑惑のカネが最終的にだれの手に渡ったのかはわからない、わからないことは記事にしていない。どこにも最終的に中曽根氏の懐に入ったとは明記していない。リクルート事件のときも名義人は秘書や家族だった。そのカネが政治家本人の懐に入ったかはわからないから、リクルートのときも書いていない。最終入手者がわかればそれに越したことはないが、調査報道の限界だ。疑惑の事実、政治家周辺がからんでいることを突き止めるのが精一杯である。しかしそれで、読者、国民の知る権利に十分答えられる行為と確信している」と述べた。中曽根側は肝心の相対取引や小谷氏との関係については、一言も触れなかった。

裁判が始まる前に、私は名古屋本社へ転勤となった。裁判は三年続いた。その間、名古屋から通い詰めた。裁判が始まる前、東京本社で会議があった。異様だった。すでに社の最高幹部の一人は「こんな記事は書くべきではない」と主張、社会部の責任者は「山本たちが悪いのか、中曽根が悪いのかは不明。社会部としては中立だ」とまで述べた。リクルートのときも社内の無理解の壁に苦労したが、今度はそれ以上であった。前に述べたように、日本では、依然、当局情報が報道の王道で、調査報道は邪道扱いなのだ。

三年たって、判決の日が来た。一九九三年三月一九日。裁判長の主文言い渡しが法廷に響いた。「原告の請求を棄却する」。朝日新聞の全面勝利だ。続いて判決理由で、裁判長はこう言った。「朝日新聞の記事には差益金の帰属を具体的に指摘する部分はなく、巧妙な政治献金ではなかったのかとの疑いは消えない、と評価的要素がなされているだけある」とした上で、「一億二〇〇〇万円もの差益が太田側に取得されたと言う事実を前提にすれば、一般通常人が当然かつ容易に抱く疑問を記述したにすぎない」と述べた。さらに裁判長は、「相対取引がなされたという点について朝日新聞の記事はいずれも事実である」と訴因にない事まで言及、朝日の記事を高く評価したものと言えよう。我々は、涙がこぼれるほどうれしかった。

この記事と裁判に注目していた弁護士の喜田村洋一氏は、その著書『報道被害者と報道の自由』（白水社、一九九九年）のなかで、記事と裁判結果について詳しく述べているが、喜田村弁護士の言うように、一つは疑惑のカネが最終的にだれの手に入ったかまで調査報道で突き止められなければ、裁判は敗訴となると、もともと調査報道にとってそこまでの追及は無理なのだから、こうした政治家がらみのカネの疑惑は報道できなくなる。二つ目は、元首相という最高の地位にあった人が、自らの周囲に置ける不透明な株取引を明らかにした報道を名誉棄損として訴えたもので、この訴えが裁判で認められたら、報道の自由や日本の民主主義にたいして、大きな脅威に成りかねなかった（注4）。

結局、中曽根側は控訴したものの、取り下げる形となり、朝日社内の最高幹部も同意、和解となった。やや無念な気持ちが残った。最高裁まで争い、政治家の疑惑はどこまで記事にできるのか、立証責任はどの範囲までか、そうしたことが最高裁で判決が出て、判例となれば、以後の調査報道にとって大きな意義を与えただろう。

3　調査報道の目的と手段

最後に、調査報道の目的と手段について二例あげたい。

公権力の疑惑や腐敗、ウソ、暴走を監視し、国民に伝えるという調査報道の目的にとって、取材の手段はどうあるべきか。

もともと、記者は日常的に法違反すれすれの取材を繰り返している。当局者の歓心を買うための贈賄まがいの行為や、張り込みなどの住居侵入、時に重要書類の無断コピーなども平気でやる。権力がその気になれば、何人もの記者が逮捕されても不思議ではない。

調査報道は、さらに危険な橋を渡る。

その一つが、外務省機密漏えい事件だ。

沖縄返還に関し、米国は、返還地の原状回復費を日本側に支払うことになった。ところが、実は、そのカネはひそかに日本側が出していたのだ。政府の国民への完全なウソだ。これを毎日新聞の西山太吉記者がすっぱぬいた。見事な調査報道である。政治記者もやるものだ、と私は目を見張った。国会でも証拠書類を手に、野党が追及した。

ところが、西山記者のニュースソースが外務省の女性事務官であることが判明すると、世論、特に週刊誌、雑誌が男女のスキャンダル問題にすりかえて大騒ぎを始めた。政府のウソはどこかに消えてしまった。権力はこの時を利用、西山記者と女性事務官を機密漏えいの国家公務員法違反とほう助罪で逮捕、起訴した。起訴状には、西山記者が女性事務官に「情を通じ」とまで書かれた。権力は恐ろしい。自分たちの重大な隠し事を暴かれるとなれば、なりふりかまわず反撃する。週刊誌や雑誌は悲しい。売るためには、国民への政府の重大なウソにもほおかむりで、スキャンダル報道に血道を上げる。

二つ目は、朝日新聞とＮＨＫとの対決となった従軍慰安婦報道への政治介入問題だ。

国際的な女性グループが、戦争時代の従軍慰安婦問題を取り上げ、仮想法廷で裁くということになった。これをＮＨＫが教育テレビで放送することになった。そこへ、安倍晋三代議士らが介入、ＮＨＫ放送総局長にクギを刺した。ＮＨＫは予算と人事を政府に握られている。番組はたちまち改編された。これをキャッチした朝日新聞社会部の本田雅和記者が安倍代議士や放送総局長らにインタビューして記事にした。ところが、安倍代議士らと放送総局長は「真実を書いていない、インタビューでそんなことを言っていない」と反論、それを繰り返し放送までした。

本田記者はインタビューなどを録音テープにとってあった。我々は、直ちに対抗記者会見をしてテープを公開、真実はどちらかを示すべき、と主張した。しかし残念ながら、当時の朝日新聞の首脳陣は「隠しテープとはいかがなものか。世論の反発が怖い」と逃げ腰になり、せっかくのテープはお蔵入り、相手側に言いたい放題されて、うやむやのうちに終わってしまった。

その直後、朝日新聞は「相手側の了解を得ない隠しテープは禁止」との社告まで出した。

一体これは何だろう。リクルートの例でも、権力側は平気でウソをつくことが再三証明され、突破口になった助役は隠しテープのお陰で、ついに白状したし、森喜朗代議士のような隠ぺい工作も隠しテープによって真相を明るみに出すことができた。メモでは法廷で決定的証拠にはなりにくい。

国民の知る権利に答え、公権力の疑惑、腐敗、ウソ、暴走などを調べて、国民へ伝えるジャーナリズムの義務にとって、取材の方法はあらかじめ制限されてはならない。国民の利益になる目的のための報道には、手段は問われるべきではない。

新聞は今、世界的にネットに押され重大な危機にある。しかし日本では、公権力の疑惑を追及できるのは新聞しかない。二〇一〇年に朝日新聞大阪社会部が地検の調書改ざんを暴いたのもその一例であろう。

新聞の危機は調査報道で打開できると確信している。

注1

河谷史夫『酒と本があれば人生何とかやっていける』(彩流社、二〇一〇年)より「調査報道は稀なり」

これは珍しい書き出しを見た。

『選択』先月号(二〇〇一年一月号)の「中央競馬会『疑惑』」と題された記事である。いわく、「これは調査報道である。農林水産省とその特殊法人、中央競馬会(JRA)に宣戦布告する」。「疑惑」の何事かは知らない。記事がいずれ明かすのであろうが、それにしても冒頭にわざわざ「調査報道」と宣言するのは、いかにも新奇の型だ。

調べて、書く。そいつは記者としてのイロハではないか、というような言い方もある。しかし、日本で「調査報道」という呼称が始まったのはそんなに昔のことではない。せいぜい三十年前、それも新聞ではなく、雑誌『文藝春秋』で立花隆が暴いた「田中金脈」をもって嚆矢とする。

捜査当局に依存せず、報道機関自らの責任において「疑惑」を指摘するという手法は、かつてワシントン・ポストの二人の若手記者がウォーターゲート事件でニクソン大統領を辞任させた『大統領の陰謀』でいっぺんに有名になったが、誰にもまねができるというものではない。とくに「当局」に置かれる閉鎖的な記者クラブに依拠して、ただ「官」発の記事を垂れ流して恥じないという風習に染まりきっていた日本の新聞で「調査報道」が作用するには、一人の天才を必要とした。

どこの世界にも天才は少ない。しかし新聞界にことに稀少なのは、ひとえにつまらぬ採用試験のせいかと思われる。常識だの作文だの、十年一日の試験で、つまりは「常識」以下のが入ってくるから世話はないと言うべきだ。

北海道新聞から朝日新聞に転じ、長く社会部にいた山本博は、稀な天才の一人であった。わたしの知る限り、日本の新聞の「調査報道」は山本とともに始まった。

一九七九年から八〇年への公費天国キャンペーンからＫＤＤ（国際電電）事件、七九年から八六年の平和相互銀行事件、八一年から八二年の土木建設業界談合事件、八二年の三越ニセ秘宝事件、八三年の東京医科歯科大学教授選出汚職、八四年の政商小針暦二疑惑、と連打が続き、その頂点に八八年から八九年にかけてのリクルート事件が来る。

朝日新聞が伝えた「調査報道」の中心を、つねに山本が担った。調査報道は端緒がすべてと言われるが、それだけでは何にもならないのは言うまでもなく、端緒をどうたぐり、つなぎ、ひろげていくかで、不発に終わることもあればキャンペーンをかたちづくることもある。取材班のキャップとして山本が頭を使い、体を使い、実践したことは特筆に値する。もし彼がいなかったら、「調査報道」がどこまで実現したかは知れたものでない。

なかでもリクルート事件が象徴的なのは、ついに時の首相を辞任に追い込むという結果もさることながら、そもそも山本がいなければ追及が開始されることはなかったことにある。

（後略）

注2

山本博『ジャーナリズムとは何か』（悠飛社、一九九〇年）より「あとがき」

（前略）

たとえば戦後三大疑獄の一つと言われるリクルート事件を例に取れば、そもそもは、いわゆるサツネタのキャッチから始まった。

つまり、神奈川県警察本部を担当している朝日新聞横浜支局の記者が、リクルート社と川崎市役所助役の贈収賄容疑を警察が内偵しているとの情報をつかんだのだ。特ダネの功績を評価する場合、この最初のキャッチが一番である。初めがなければ、次はない。ただ、この場合、せっかくのキャッチだったのに、捜査そのものが時効の壁などでつぶれてしまったのである。

通常のジャーナリズムは、この段階で取材そのものも中止となる。そういう例は多い。汚職の内偵は、実るほうが少ないのだ。

私たち支局の取材班は、中止を採択しなかった。清潔が売り物の革新市政の首席助役と、急成長で脚光を浴びているリクルート社との疑惑は、注目に値する。おまけに、贈収賄容疑対象物は現金ではなく株だったことに強い関心をひかれた。

当時はバブルの真っ最中で、株価はうなぎ登りに上昇していた。優良株であるリクルートの子会社の未公開株は、公開すれば高額の値が付くことは容易に予想された。未公開株を公開前に譲渡して濡れ手で粟のぼろ儲け。私たちは、検討の結果、捜査の結末とは別に、支局の責任で調査し裏付けを取り、必要なインタビューも済ませ、その上で事実を読者国民に明らかにするという道を選んだのだ。

　このとき私たちは、実名報道と決めた。捜査は取り止め、刑事訴追の可能性もないのに、疑惑の当事者を実名で報道することは、多少、勇気が必要だった。しかし、もし仮名にしたらどうだろう。「神奈川県内の某自治体のA助役が、東京にある新興のB情報産業から未公開株を得て、大儲けをしていた」という表現で、読者国民は納得するだろうか。「やるからには実名で、責任は私が取る」と私は取材班に言った。

　この助役疑惑の裏付け取材の過程で、実は、首相、前首相ら中央政界の要人多数が、同様に、未公開株を得て濡れ手で粟の大儲けをしているという驚くべき事実をつかんだのだった。この大手柄は、横浜支局、川崎支局（子支局）の一、二年生の若い記者が立てたものだった。ジャーナリストは年季奉公ではない。まだ経験が浅くても、ベテラン記者顔負けの立派な仕事ができるという証明である。

　こうして日本のジャーナリズム始まって以来の地方支局による中央政界の疑惑追及が実現した。もちろんこれらも実名、顔写真付きだ。

　リクルート事件は、この後、東京地検特捜部が腰を上げて政官財を摘発、二十人が起訴され、四十四人の政治家へ十三億円のカネがばらまかれていたということが判明、竹下内閣も崩壊するが、それらは結果論である。

　（後略）

注3

米国調査報道記者・編集者協会特別賞受賞スピーチ（同協会第一四回年次総会、フィラデルフィア、一九八九年六月一七日）――山本博氏代理、内藤頼誼（朝日新聞アメリカ総局長）

御来場の皆様、（国籍は異なっていても）仕事上の仲間であるジャーナリストの皆さん、私の同僚である日本の朝日新聞の山本博の代理として、私が本日ここに出席できることを大変光栄に思います。山本は今回の特別な受賞をとても名誉に思い、皆様とお会いできることを楽しみにしていたのですが、彼が本日ここに出席できなくて残念です。日本でふたつの重要な選挙が控えているため、山本はその場を離れられないのです。このようなわけで、私がこの会で彼の代理を務め、彼に代わって賞をいただくことにいたしました。

（中略）

金権政治に対する日本人の憤りは、もちろん、長年存在していました。しかし、山本博が行なったリクルートスキャンダルの摘発は、野心家の実業家から野心のある政治家に金が流れていく道筋を、初めて、人々にはっきりと示したことになります。法を犯したからという理由だけでなく、ぎりぎりのところで法には背かなくても、金銭をめぐる不正な慣習がはびこっていたことから、日本国民は自民党に対する信頼を無くしました。

江副はリクルートコスモスの未公開株を贈っていました。株が公開された際、その価格は高騰し、受領者たちはいとも簡単に利鞘を稼いでいたのです。アメリカではインサイダー取引と呼ばれるこの行為は、日本では法に触れませんが、人々は今回のスキャンダルを知ることによって、さらなる怒りを覚えました。息子名義で未公開株を受け取り、次期首相候補としていまだ有力視されている渡辺美智雄をはじめ多くの自民党議員らは、彼らが合法と考えている行為を、摘発したとして朝日新聞を批判したのです。しかし、国民はこれらの行為が間違っていると明らかに感じています。国の法律と国民の要請にこのような隔たりがある場合、政治システムの早急な改革が必要です。

労苦を惜しまない調査報道によってもたらされる事件解明の突破口は、社会の改善と我々民主主義の再生のための出発点に過ぎないことを私たちは知っています。山本博と仕事を共にしていることを私が誇りに思うのは、彼の調査が政権を揺るがし、与党の腐敗を暴いたからだけではありません。私を含め朝日新聞の同僚は、彼が警察による逮捕を当てにせず、初期段階から行なった彼の追及が、検察の捜査にさえ勝っていたことを、誇りに思っているのです。

彼は当局の情報もしくは、広報資料に頼ることはできず、記事にしたあらゆる人名、事実、数字に全責任を負わなければなりませんでした。加えて、山本の取材班には頼りがいの有るベテラン記者はおらず、彼は地方支局の若手記者を指揮し、勇気づけ、叱りながら最終的に鍛え上げ、結果を残したのでした。これが彼の成し遂げたことであり、私はこの賞に十分値すると信じます。

（後略）

注4

喜田村洋一『報道被害者と報道の自由』（白水社、一九九九年）より「四　日本の公人がおこした訴訟　政治家と高級官僚」

（前略）

この事件（中曽根元首相側近献金疑惑――山本注）で問題とされたのは、右のような記事が掲載されたときに、新聞社はどの範囲までの事実を立証しなければならないかということである。

つまり、アメリカと異なって日本の現在の法解釈では、このような名誉毀損の訴えがなされたときには、報道機関の側に記事が事実であることを立証する責任があるとされているが、それではこの記事が伝える事実は何か、という問題である。

仮に中曾根元首相の言うように、株の相対取引でわずかの期間で巨額の差益が出ていたことを基に、「巧妙な政治献金ではなかったかという疑いは消えない」と述べた場合に、政治献金であったことを立証せよと言われても、それは不可能に近い。もともと政治家の周囲で、株を用いた不透明な取引が行われているのではないかということは半ば公然と囁かれていたが、このような取引が表面化したのは今回が初めてであった。

しかし、政治家の政治団体の会計責任者とも目される人物が、一億二千万円の利益をどのように使ったのかということを、報道機関の取材にたいして自発的に明らかにするとはとても考えられない。この株取引が確認されたのは、有価証券取引書という「物証」が残ったためであり、これがあるために関係者も株取引の事実自体を否定できなかったものと推測される。そして、一般の場合には、株取引で得た利益がどのような使途に用いられたかについて、はっきりとした証拠が残ることはきわめて稀であろうから、証拠を基に関係者にあたるということはまず困難であり、事実上不可能である。

そうなると新聞社にできるのは、

(1)　そのような株取引が一般に行われているか。(上場株式の相対取引はきわめてまれであり、一か月後の買い戻しはさらに不自然)

(2)　取引によってどのような収支になったか。(政治団体関係者が巨額の利益をあげた)

(3)　株取引の目的は何か。(宗教施設の建設というが確認できない)

(4)　株購入の資金は何か。(資金の出所は不明である)

などという周辺事実を丹念に取材し、これらの事実を総合的に組み合わせたうえで、結局、この株取引はどのような性格のものと考えられるかを論じるということでしかない。そして、これは、本件において朝日新聞が行ったことである。

そのような取材をしても、なおかつ、「巧妙な政治献金ではなかったのか」という書き方は実際には「この取引は実際には政治献金であった」と理解されるから、新聞社は「株取引の差額が現実に政治家ないしはその団体に入金されたことを証明せよ」という中曾根元首相の言い分が認められると、このような事件で報道機関は訴えられれば必ず負けてしまうということになる。そして、裁判になれば必ず負けるというのであれば、報道機関として責任をもって報道するということはできないということになるから、結果としてこのような記事は報道されないということになる。

しかし、このような結果はおかしい。日本の最高の権力者であった人間の政治団体の会計担当者が、著しく不自然な形で巨額の利益を受けているという事実は、その政治家にたいして市民が評価を下すためにきわめて重要である。また、それにとどまらず、政治家一般について政治資金の規制のあり方がどのようなものであるべきか、さらに日本における株式取引にたいする規制の是非などについても、この取引は大いに参考になる。

つまり、この朝日新聞の記事は、市民と政治との関わりを考えるについて必要なものであり、アメリカで言う典型的な政治的言論である。このような情報は、できる限り自由に伝えられなければならないのであり、アメリカではこのような報道が、報道機関に「現実の悪意」がなければ名誉毀損とならないことはすでに述べたとおりである。

（中略）

いずれにせよこの事件は、元首相という最高の地位にあった人が、自らの周囲における不透明な株取引を明らかにした報道を名誉毀損であるとして提訴したものであり、この訴えが認められれば、報道の自由や日本の民主主義にたいして大きな脅威ともなりかねないものであった。

しかし裁判所は、報道機関の証明すべき対象は報道された内容に限られるのであり、言外の印象と言われるものまで立証する必要はないとして報道機関の証明の範囲を明確化した。これによって、この記事では報道機関が勝訴したが、原告（元首相）と記事の内容（元首相周辺の不透明な株取引）を考えれば、この結果は正当だったと言えよう。（この判決にたいしては元首相の側が控訴を申し立てたが、最終的には和解で終了したとのことである）

第Ⅱ部　調査報道の可能性とジャーナリズム

第6章　いまなぜ調査報道か

ジャーナリスト　原　寿雄

権力犯罪に迫った菅生事件報道

調査報道は、一九七二年のウォーターゲート事件を機に、ジャーナリズム界に広まった。ニクソン大統領の側近たちによる民主党全国委員会本部への盗聴作戦を、ワシントン・ポスト紙の若い二記者が暴露し、大統領失脚をもたらした歴史的スクープである。日本では一九八八―八九年に朝日新聞の横浜支局が警察の捜査中止後、独自調査で摘発し竹下登政権を瓦解させたリクルート事件が、代表的な調査報道と評価されてきた。

共同通信社会部が菅生事件で警察の謀略を暴露したのは一九五七年で、まだ「調査報道」という言葉が市民権を持っていなかった時代である。しかし、多くの人から第二次大戦後初の画期的な調査報道の成果として注目された。

菅生事件は一九五二年六月二日午前零時半ごろ、阿蘇山麓の東側、大分県菅生村で起きた。巡査派出所で爆発があり、共産党員五人が逮捕されて大分地裁で全員有罪の判決を受けた。福岡高裁で審理中の五六年秋、事件当夜から行方をくらましていた市木春秋という名の共産党の仲間が、じつは大分県警の巡査部長戸高公徳であることがわかり、一部の新聞、放送が追及に乗り出した。共同通信社会部も特捜班を作り、五七年三月一三日、東京・新宿のアパートで戸高を捕まえた。裁判は急転、五人の冤罪が晴れるとともに、警察による謀略の事実と五年近く戸高を組織的に匿っていたことが暴露された。

当時私は国会を担当しながら特捜班に参加、新宿のアパート春風荘で戸高を捕まえた時の現場キャップだった。法務省、警視庁時代に共産党を担当してきた私は、五六年の九月末、弁護団が「市木春秋は現職警官」と発表した段階でこの事件に疑いを強め、社会部に特捜班作りを提言、デスク以下、警視庁、警察庁記者らと六人のグループで戸高の足跡を追った。日常の担当を別に持ちながらの仕事だった。私は衆院法務委員会での動きを追い、打ち合わせに出ていたぐらいで、戸高の足取り取材には加わらなかった。

「取材日記から」

「取材日記から」と題する記録が残っているので、当時の調査報道の実際を知る参考に紹介したい。戸高の家族の名前などは省いた。筆者名は不明。

X月X日　警察庁の石井長官は国会答弁で〝戸高〟が事件直後の五二年六月末に大分県警を依願退職したと言っているが、どうもクサイ。「事件後上京して警視庁に勤めていた」という情報を警察側の公式文書で裏付ければ、最初の関門は突破できるのだが——。

X月X日　S君が知り合いのデカから手に入れたとマル秘の印も仰々しい警視庁職員録を持ってくる。五四年には〈警視庁人事課勤務巡査部長戸高公徳〉、五五年には〈警察庁出向〉。以降の名簿にはない。戸高は警視庁にいたのだ。ザマアミロ。

X月X日　情報を整理して四つにしぼる。①田宮四郎（あるいは五郎）と自称、高井戸署管内にいる。福岡（？）警察学校で同期生だった男（現在本庁公安X課勤務）がかくまっている。②杉並区和泉町のWアパート。③渋谷区猿楽町の警察官舎。公安関係のアジトで大きな塀がある。④新宿区番衆町のアパート。家族は京王線の沿線に別居しているらしい。京王線沿線に関係のある情報が三つもある。何かあるのではないか。一つ一つ当たってツブシてゆくだけだ。内密にやること、警察には絶対に当たらないこと。

X月X日　夕刻、和泉町へ。社の車では目立つからタクシーを拾う。何食わぬ顔で泉南交番に行く。口から出まかせにアパートの名前を言うと、若い巡査はそんなアパートはないという。「確か和泉町の一二〇番地だったはずだ——」と言いながら困ったような顔をすると、お巡りは面倒くさそうに簿冊を出してくる。一二三番地にH荘というのがある。どうも違うらしいと言ってモジモジしているところへ、通行人が道を尋ねに寄ったのでお巡りはそちらの方へ。「おかしいナー」と口ずさみながら、そのすきに簿冊をメモって町内のアパートを調べる。ポケットに手を入れたままタバコの箱にエンピツで番地と名前を控える。付近のアパートは四つだけだ。慇懃に礼を言って飛び出すと外は雨、寒い。暗いのを幸い人目を避けてタバコに控えた番地を頼りにアパートを探す。情報にはW荘となっているが、そんなヤツはない。まだ直接当たって見るわけにはいかない。路地やアパートの中の模様――怪しまれぬようにのぞきながら行ったり来たり。張り込みにどこが都合がいいか。街灯の明かりでメモ帳に整理しながらまた次のアパートへ。一二時過ぎ帰宅。

X月X日　今日も張り込み（新宿）。春風荘の玄関が見通せる場所は、こっちも丸見えになってしまうので、場所を選ぶのに一苦労。夕方になると界隈は活気が出る。夜の勤めに出かける女性、正体の知れぬ男。六時半ごろ春風荘から六、七歳の女の子の手を引いた貧相な男が出てくる。戸高ではない。しかし女の子はもしかすると戸高の長女ではないか。尾行。三光町の交差点は夕暮れどきの雑踏、尾けるには好都合だ。伊勢丹横のバス停で止まった。渋谷行きのバスに乗込んだので後に続く。宇田川町で二人は降りた。人通りはなく尾行にはまずい。立小便をしながら適当に間をおく。二人は小さなアパートに入った。管理人の名前や番地を控えてまた新宿へ。明日は渋谷区役所で宇田川の住民登録や転入者名簿を調べよう。家族がいるかもしれぬ。長女の学齢児童名簿も――。春風荘の前の中華そば屋にはWさんが張っていた。親父とは顔見知りになってしまったが、興信所員ということにしてある。アパートに住むある女の身元調査を旦那から頼まれたんだということにして――。戸高は今日も影すら見せぬ。午前一時帰宅。張り込みはシンドイが、寝床でまた明日のプランを組む。〝闘志〟のようなものが、しきりに湧いてくる。（日本ジャーナリスト会議共同通信支部機関誌『ジャーナリスト』一九五八年八月号所収）

記者歴五年前後の少年探偵団のような未熟な取材活動だったが、調査報道は人手と時間と金がかかる。しかも苦労して取材しても狙った結果が出るとは限らない。無駄骨に終わることもある。リスクをかけた取材活動である上、何かまちがいでもあればすべて自分たちの責任である。情報源による発表を気楽に記事にできる発表ジャーナリズムとは違って、ひときわ緊張する仕事である。なかでも権力犯罪を相手にした菅生事件報道には、調査報道の原点と課題が示されているように思う。

特ダネ競争と権力の壁

第一は権力の恐るべき実態である。ジャーナリズムの力で冤罪事件の無実を晴らすことはできたが、派出所内部に爆発物を仕掛けた真犯人は不明のままである。戸高は共産党のスパイとなってダイナマイトを運搬した事実を認めたが、県警の上司に報告していたとして罪を問われず、出世して警視長にまでなった。

警察が企画して爆破事件を起こし、スパイとなった現職警官が共産党員を現場におびき寄せて逮捕、主犯格の警官は警察組織にかくまわれた。捕まえて追及しても「戸高」であることを頑として否定し続けた。当夜遅く、警察幹部の一人は「新宿番衆町のアパート」と知らされて「それならまちがいない」とすぐに認めている。その二〇分ほど前に戸高は特捜班の手を離れて消えていた。「長時間の監禁」を心配したデスクの配慮だった。

権力者はここまでやるという恐ろしさを、日本のジャーナリストはどこまで実感しているだろうか。公安警察の謀略による犯行を警察や検察が捜査して有罪判決を得る可能性はゼロである。五〇余年後のいま、権力に対する番犬（ウォッチドッグ）を自任する報道陣は、全体的にまだ見方が甘いと言いたい。二一世紀に入っても、北海道新聞が北海道警察の裏金を暴露して取材拒否に遭い、支社の業務上横領事件を摘発されるなど、権力は自らの不正を防護し、復讐のために権力行使に出ることもためらわない。道新内部は動揺を深め、中央紙の支援報道もなく、ついに敗北した。

大阪地検特捜部の検事が証拠のＦＤ改ざんを平気でできたのは、特捜検察を「批判しない聖域」にしてきたジャーナリズムに一半の責任があると思えてならない。批判されない権力は慢心を高め、必ず腐敗する。調査報道は権力監視の番犬にとって最大の武器である。

第二は裁判批判の必要性である。菅生裁判の被告、弁護人は早くから、事件当夜消え去った市木春秋を探し出してくれと求めたのに無視された。検察が警察をかばうのを当然視するのも問題だが、裁判官まで検事側の主張に傾きやすい。菅生事件の場合も全く検察側と一体化した感がある。〝法廷の王様〟と呼ばれる裁判長の指揮に依って、被告の主張を実現するよう努力すべきだったろう。やがて明らかになったように市木こと戸高公徳こそ事件の主役だった。裁判長の法廷指揮が問題化しないのはおかしい。

検事調書の重視をはじめ裁判官が被告弁護側の主張より検事を信頼する傾向が慣行化してきた。背景として、検察に協力的な判事が重用されてきたという裁判官人事の問題を指摘する声も強い。ジャーナリズムは裁判批判に消極的すぎる。冤罪事件でも新聞、放送による裁判官批判は滅多に見聞されない。「裁判ぐらい聖域にしておきたい」という気持ちを、ジャーナリズムは捨て去るべきである。裁判官の独立を独善に導いてきたのは、ほかならぬ裁判聖域観である。

「裁判官は弁明せず」という慣行で、裁判官取材もほとんどない。裁判官についての調査報道によるドキュメンタリーも、東海テレビの話題作「裁判長のお弁当」の出現までなかった。裁判員裁判の導入に際して私は、裁判批判の必要性を強調してきた。調査報道の分野でも裁判官に迫るべき時が来ている。

第三に調査報道による特ダネ追求の功罪論がある。戸高を捕まえ六時間、本人から何も確認できず壁に突き当たった当夜、私は現場で「記者クラブに知らせて全社の協同で警察と対決する」ことを口走った。しかし、それを実現する意欲は乏しかった。これまで共同通信が特捜班の活動を認めてきたのは、特ダネへの期待があるからだった。期待に背く決心はできなかった。デスクにもそこまで主張しなかった。それはジャーナリズムの在るべき姿と矛盾しないか？　戸高が夜の新宿の街へ消え去った後も、その思いに悩んだ。

一九五七年七月号の雑誌『世界』の座談会「菅生事件を追って」の中で、私は「真実の報道を進める上で特ダネ主義が邪魔になったのではないか」と発言した。一方で特ダネ競争が真実に迫る可能性をもたらすのも確かである。菅生事件では、地元大分と東京のメディアによる激しい特ダネ競争の成果として戸高を見つけ出すことができた点を評価すべきだといえる。結局はケースバイケースで、特ダネを捨てても真実の報道のために他社と協同の道を選ぶべきことはあるべし、というのが私の結論になった。調査報道が権力の壁に突き当たった時の課題である。

第四に社会正義のための調査報道には、内部告発者や協力者が期待できるという経験則を挙げたい。菅生事件の戸高潜伏のアパート情報は誰から誰に何時どんなふうにもたらされたか、今も私は知らない。知れば漏らしやすいから知らないようにしてきた。春風荘はそのものズバリだった。共同の記者が戸高の行方を探求していると知った人間が直接か間接か、特捜班の一人に連絡してくれたものに違いない。予備取材でアパートの管理人と世間話をしているうちに「一度、警察大学から電話がかかってきたことがあったね」という一言を聞いて、特捜班は確信を深めた。

北海道新聞の警察裏金摘発では道警最高幹部の一人、原田宏二元釧路方面本部長の積極的協力や元弟子屈署次長の帳簿暴露など、内部からの協力者が大きな役割を果たした。警察の裏金作りの暴露については高知、愛媛ほかの県警内からも内部告発者が出て報道陣に協力している。

二〇〇三年の鹿児島県議選で公職選挙法違反に問われた志布志市の住民一二人は、〇七年に無罪判決が確定した。取り調べ中に警部補が容疑者に父親の言葉を書いた紙を踏ませて話題になった冤罪事件である。この時、朝日鹿児島総局は警察内部に協力者を得て特ダネを連発した。大阪地検のＦＤ改ざん事件でも、担当の板橋洋佳記者は「端緒となる話を検察関係者から聞いたのは、七月のある夜だった」「立場が違っても『不正の構造』を暴く到達点は同じ」と意気投合した検事たちがいたことを書いている（朝日新聞二〇一〇年一〇月一五日）。

正義を追求する調査報道は、関係情報を知る人たちの良心を目覚めさせずにはおかない。報道陣に協力してくれるのはその一部にすぎないとしても、確実に期待できる。日本社会の正義感について、私はその貴重なレベルを信じている。そのためには日常普段の報道活動で、メディアへの信頼が醸成されていることが不可欠になる。

日米とも調査報道は新段階に

二〇〇九年の四月、沖縄密約開示訴訟の集会で那覇に行った時、琉球新報の調査報道研究会に呼ばれた。その年三月から沖縄タイムズと同時に夕刊を廃止した琉球新報は、朝刊を充実する上で調査報道強化の方針を決め、研修を始めていた。約四〇人が参加、編集局次長をキャップに経験を出し合っていた。夕刊廃止による記者の余裕を調査報道に当てるという着眼に、時代を感じた。

大阪地検の証拠改ざん事件の調査報道で二〇一〇年の新聞協会賞を受賞した朝日は、〇五年の

NHK番組改編報道の総括で秋山耿太郎社長が調査報道重視を宣言していた。私も委員の一人だった朝日内の「NHK報道」委員会が「一部に確認取材が不十分だった」と指摘したのを受けた対応だった。以来、編集局内に横断的なタスクフォースによる一〇人ほどの「特別報道センター」を作り、その論議からテーマを見つけ出してアタックしてきた。最初の成果が〇六―〇七年のキヤノン、松下、日立製作所などによる違法な労働形態を摘発した「偽総請負」だった。朝日はそれ以前からも調査報道に意欲を示し、リクルート事件ほかの実績を重ねてきた。センターには二〇一一年初め現在三〇人ほどが参加しているという。

新聞協会賞の受賞件数トップを誇る毎日も、片山隼君事故、石器捏造事件、防衛庁情報公開請求者リスト問題の暴露をはじめ〇九年のアスベスト禍まで、調査報道の成果によるものが目立っている。自らロッキード事件の調査報道をリードした朝比奈豊社長は、〇九年に共同通信への全面復帰を決めた時、編集の柱として調査報道を宣言している。同年就任した小泉敬太社会部長も「何のために君たちは記者になったのか、その理由を考えれば『調査報道』しかないのです」と小俣一平元NHK記者に語っている（「調査報道の社会史　5」『放送研究と調査』二〇〇九年六月号）。相撲界を震撼させた一一年二月の「八百長メール」事件の調査報道は、歴史的なスクープとなった。

朝毎両紙のような調査報道重視の方針は中央紙、地方紙を問わず全般的な動きと言えよう。調査報道は新段階を迎えた。その背景には、デジタル時代の中で危機感を強める既成メディアがサバイバル戦略として位置付けている点を見逃せない。新聞・放送の人的資源である取材力、分析力、編集整理力に加えて社会的責任感に鍛えられてきた厳しい倫理観など、総合ジャーナリズム力を発揮することで生き残りの道を模索する試みである。

だが、既成メディアの深刻な危機に遭遇している米国の調査報道をみると、楽観はできない。『アメリカン・ジャーナリズム・レビュー』（ＡＪＲ）の二つの報告「足りない調査報道」「非営利爆発」（二〇一〇年九月）によると、見出し通り全般的に調査報道が減退し、寄付金に依存した非営利のプロダクション型調査報道がめだっている。デジタル時代の発展で新聞・放送の合理化が進み、人減らしの影響で地方の小規模紙では、市役所や警察よりまず調査報道の縮小を優先する。二〇〇八年には五九〇〇人、〇九年には五二〇〇人の日刊紙記者が職場を追われ、地方テレビ局の一二〇〇人が失職した。一〇年にはＡＢＣ、ＣＢＳなどキー局でも減員が進んでいる。

オンラインサービスにも記者を取られ、労働集約型で人手も時間もかかる調査報道が犠牲にされている。調査報道記者連盟の会員数は〇三年の五三九一人から〇九年には三六九五人に減り、一〇年は入会勧誘を強めて四〇〇〇人になった。ピューリッツァー賞の申請も調査報道はこの一五年で二一％減り、一九八五年の一〇三件が二〇一〇年は八一件になった。しかも一〇年ほど前までは小規模新聞の受賞が多かったが、最近ではニューヨーク・タイムズ、ワシントン・ポスト、ロサンゼルス・タイムズの三紙に受賞が集中している。

大手メディアは調査報道を強化している。ニューヨーク・タイムズは調査報道ユニットを七人から一一人に増やし、担当エディターは「よそでは入手できない情報を提供する能力も時間もある」と自負している。テロリストの動きを追及した「トップ・シークレット・アメリカ」で二〇一〇年のピューリッツァー賞を取ったワシントン・ポストは、調査報道記者をどのデスクにも配置しているという。ＣＢＳ局の「シックスティ・ミニュッツ」も公共テレビＰＢＳの「フロントライン」も調査報道が定番だが、公共ラジオのＮＰＲは八人の調査報道班を創設した。新聞グループのガーネットは二〇一〇年を〝ウォッチドッグの年〟と宣言し、復活した調査報道記者連盟の同年の総会に七〇人も派遣した。編集主幹は「ウォッチドッグ・ジャーナリズムで新聞事業の魅力を高める」と述べている。

こういう状況下で注目されるのが、プロダクション型のＮＰＯ（非営利組織）による調査報道である。二〇〇九年七月発足の非営利調査報道ネットワーク（Nonprofit Investigative Network）協会の参加メンバーは一〇年末五〇を超えた。古手の「センター・フォー・パブリック・インティグリティ」（ＣＰＩ）は一九七七年に発足、四七人のスタッフによる作品は四九紙誌が特集などに組み、五六局が放送、七七オンラインが利用、六〇の学生新聞とその関連や四二のＮＧＯが利用、接触者は四〇〇〇万人に上る。

また二〇〇八年六月スタートの「プロプブリカ」は、銀行家のサンドラー夫妻による基金から毎年一〇〇〇万ドルを三年間保障され、この寄金で経費の四分の三をまかなってきた。一〇年にはネット初のピューリッツァー賞を受賞、スタッフも五〇人を超えた。恵まれた非営利の調査報道機関で、編集トップの〇八年の年収五七万ドルが話題になった。メール受信契約は三万人、〇九年には一三八の作品を生み出した。無料サービスで報道機関にも自由利用を勧めている。発足に当たって寄金主のサンドラーは「OUTRAGE」の一語を示して、社会的不正義に対する憤りを強調した。人権監視や市民的自由をテーマにすることにも寛容という。もっとも、編集に介入しないことは、非営利報道機関への寄金主の一般的な原則になっている。

私が独立プロダクション型と呼ぶ調査報道組織は活発だが、規模は小さく、それぞれ特定のテーマをピックアップしているブティックのようなもので、既成メディアのような社会全体に踏み込んだ総合的報道活動の代替はできそうもない。

日本の調査報道をどう展望するか。プロダクション型の非営利報道機関が実現する可能性は、寄付を免税にしても、伝統的な寄付文化の違いから容易ではない。アメリカでは二〇〇五―〇八年間に一八〇の財団がニュース、情報プロジェクトに一億二八〇〇万ドルも寄付している（『総合ジャーナリズム』誌二〇一〇春号）。既成メディアは調査報道をデジタルネット時代の基軸戦略として位置付け、潜在的総合戦力を発揮して社会に存在価値を示すことで生き残る道を選択すべきだろう。一方でオンラインニュースの充実と原則課金を実現する努力も必要である。

調査報道はジャーナリズムの原点である。通信社が頼りになれば新聞社は本来調査報道に専念して、メディアごとの個性的なジャーナリズムを推進できるはずである。

第7章　ウィキリークスはジャーナリズムか
――ネット時代の調査報道（その1）――

上智大学　橋場義之

調査報道とは何か？――ジャーナリズム上の意義

「調査報道」の定義は論者によってさまざまであり、いまだ確定しているとは言えない。ここでは、一例としてビル・コヴァッチ、トム・ローゼンスティール著『ジャーナリズムの原則』（日本経済評論社、二〇〇二年）による三つの形態の分類を紹介することから手がかりを探ってみよう。

同書によると、第一の「本来の形の調査報道」は、「記者自らがそれまで一般市民には知られていなかった活動を暴露し記録することである」とした上で、記者個人の観察にかわって、コンピュータによって「圧倒的な量の文書による証拠を集め」て分析することも現代における形だとしている。

第二の形態は、「解釈型の調査報道」である。これは「特定の概念を注意深く考えて分析するとともに事実を根気強く追究することによって、一般市民の理解を深めるようなより完全な新しい文脈のなかに情報を構築する作業の結果生まれるものである」という。

第三の形態は、「調査に関する報道」である。これは「通常、政府機関などがすでにおこなっているか準備をすすめている公式調査に関する情報をつかむか、内部漏洩によってそれをえることから取材が始まる」としている。

これらは、「調査報道」を比較的広義に捉えていて包括的に理解しやすいといえよう。しかし、第一の形態で述べている「それまで一般市民には知られていなかった活動」というのは、まさに「ニュース」そのものともいえるのであって、むしろそのあとに続く「暴露」という言葉遣いの中に、単なる「ニュースの〝伝達〟」とは異なる特別な意味合い、つまり「秘密情報の暴露」という意味が込められていると理解できるだろう。毎日新聞が二〇〇〇年一一月に行った「旧石器発掘ねつ造報道」などがその典型である。

第二の形態は、「発表ジャーナリズム」という〝落とし穴〟に陥らないよう、記者が日常的に努力できる取材報道といえる。つまり、「特定の概念（発表された情報）を注意深く考えて分析するとともに、事実を根気強く追究する（自らの足で集めた関連情報を加味する）ことで、より完全な新しい文脈のなかに情報を構築する（発表者の意図とは異なった意味を見つけたニュースにする）」のである。

第三の形態は、日本では一般的に検察取材などにもとづく政界疑惑報道などで馴染みのある報道といえよう。取材のきっかけがメディア側の情報かそれとも検察の潜行捜査の情報キャッチかは問わず、捜査の進展を見ながら並行的に報道するスタイルである。

一方、私論によれば、情報源の側の意思とジャーナリストの主体性との関係性という観点から「ニュース取材」の一般的な形態を次のような分類ができるはずである。

第一のケースは情報源が「知らせたい情報」をもっているケースである。これは「ニュースの提供」であり、ジャーナリストにとっては「ニュースが出てくる」、つまり「受け身」でニュースを得ることができる場合である。公的な「発表」や「記者会見」などがこれに当たる。

第二のケースは反対に、情報源が「知らせたくない情報」をもっているケースである。これは「ニュースの秘匿」であり、ジャーナリストにとっては「攻め」の姿勢で「こじ開け」たり「発掘」しなければならないものである。

第三のケースは以上の中間に当たるもので、情報源が「もっている情報を知らせたいとも、隠したいとも思っていない」ケースである。この場合、ジャーナリストはその情報の価値を自ら考え、「発見して」報道するものである。

この中では、「暴露」という言葉のニュアンスを含む報道という意味で、第二のケースが『原則』でいう「第一の本来の形の調査報道」に当てはまるといえるであろう。だが、第一のケースでも、すでに述べたように「出てきた情報」を分析し、さらに関連情報を加えることによって「新たな文脈の中で事実を再構築する」ことができるのであって、その場合には『原則』がいう第二の形態になり得るのである。

以上いずれの形態とケースにも通底するものを考えれば、「ジャーナリストの主体性」というキーワードを見出すことができるのではないだろうか。主体性の発揮度の強さの順でいえば、『原則』では、①第一の形態、②第三の形態、③第二の形態、という順になり、私論の分類では、①第二のケース、②第三のケース、③第一のケース、という順になる。

そこで本論では「ジャーナリストが主体性を高度に発揮して取材した結果の報道」を「調査報道」とあえて広義に捉え直してみたい。

ネットがもたらしたメディア環境の変化

ネット時代の特徴を一言で表せば、「ユビキタス」という言葉で象徴されるように、「いつでも」「どこでも」「だれでも」情報へのアクセスと発信ができることである。それはアナログ時代にあった「時間」「場所」「費用」の制約から自由になったということを意味している。

「時間の制約からの自由」についていえば、人々は自分がほしいと思う時に「いつでも」、ネットの世界をめぐってほしい情報を得ることができるようになった。また、情報発信という点でも、「いつでも」発信することができるようになった。伝えたいときにはいつでも、HP、ブログ、ツイッターなどにアップすることで他の人々が閲覧可能になる。これは、アナログ時代のマスメディアが持っていた定期性＝ジャーナリズム性のひとつ＝が失われたということを意味する。

「場所の制約からの自由」でいえば、モバイル機器の発達によって送り手は「どこにいても」発信できるし、受け手も「どこにいても」受信できるということである（言わずもがなではあるが、これらすべての場合、ネットにつながる環境下にいる、といことが大前提である）。

さらに、「費用の制約からの自由」という点でも、アナログ時代のように巨額の資本で印刷機や電波発信装置を手に入れなければできないわけではなくなった。当初に登場したデスク型パソコンは持ち運びができず、そのため人々はパソコンの前に座ってネットにつながない限りネットの情報世界には入れなかったが、その後に普及した安価で簡易なモバイル機器――たとえば多機能型携帯電話（スマートフォン）、ノートパソコン、iPad（アイパッド）など――を使えば、だれもが（一人からマスまでを相手に）送り手になれるし、だれでも受け手になることができるようになった。

この結果、狭くて、成員以外は触れることのできなかったかつての情報交換の世界＝井戸端会議＝までが、情報の巨大な公共空間の中にとりこまれた。そこでは、同じ情報志向の人なら世界のどこにいようと、いつでも同じメンバーとして〝つながる〟ことができるようになった。

デジタル情報処理技術の進歩とネットワークの拡大はアナログ時代との大きな違いであるが、中でも重要なのが大量の情報の高速処理技術である。とくにジャーナリズムにとって重要なのは、①「検索」機能、②動画配信、そして③モバイル通信機器の発達であろう。

利用可能な情報量が無限大で増えた〝広大な情報の海〟の中から、自ら必要な情報を探し出すことは、検索機能なしではほとんど不可能である。Google（グーグル）に代表されるようにアルゴリズムを使った検索ロボットは、キーワードに従って世界中のサイトの中から必要な情報を選びだし、人々に提示してくれる。検索結果は、必要な情報がどこにあるか、ネット上という限定はあるものの、またキーワードを何にするかによって異なるもの、必要な情報の所在の一定の〝全体像〟をも示してくれる。

また、その結果は「ランキング」という形で人々の関心の集中度として捉えることもできるようになった。テレビの視聴率と似て、結果としての「情報需要度」を目に見える形でスピーディーに把握・確認できるのである。このことのもつ意味はジャーナリズムにとって重要である。アナログ時代に人々の欲しがっている情報＝需要としての情報＝を事前に知ることはほとんど不可能だった。調査対象が限られた中でのテレビ視聴率やマーケット・リサーチの手法でその手掛かりをつかもうとしてきただけであり、総体としては、唯一のニュースの送り手である新聞やテレビの側は、経験と肌感覚で事前に選んだ情報を提供してきたからである。

動画配信も、アナログのニュース・メディアに大きなインパクトを与えている。アナログ時代に動く映像を伝えることができたのは、まずは映画であり、次いでテレビであった。しかし、ネット技術はこの動画送信を映画会社やテレビ局の独占から一般の人々に開放した。「YouTube（ユーチューブ）」や「Ustream（ユーストリーム）」は、人々が自分のもつ映像情報をマスに向かって自ら発信する〝導管〟の役割を果たすようになった。

ネット環境下の調査報道

このようなネット時代における調査報道とは具体的に何を指すことになるのだろうか？

ネット環境下の調査報道を考える一例として、ウィキリークスを素材に考えてみよう。ウィキリークスは、国家であろうと企業であろうとそれが持っている「秘密情報の暴露」を目指しているといわれる。

では、ウィキリークスの活動はジャーナリズムといえるのか？　これについても世界の論調は賛否ふたつにわかれている。そこで思い起こすのが、一九四七年に米国・プレスの自由委員会（通称ハッチンス委員会）が公表した報告書「自由で責任あるプレス」である。その第二章「プレスに対する社会の要請」で、次のような要請を列挙している。

①日々の出来事について真実に迫り、包括的かつ理知的に説明すること。
②意見や批判を交換するためのフォーラムとなること。
③社会の目標と価値を示し、明確にすること。
④社会を構成する諸グループの代表的な姿を映し出すこと。
⑤日々の情報に市民が十分にアクセスできるようにすること。

この中ではとりわけ①が重要であると思われる。その理由は、マス・コミュニケーションの中のひとつの活動であるジャーナリズムをジャーナリズムたらしめているものを端的に表現しているからだ。つまり、「秘密情報」を含めたすべてのニュースについて「内容を網羅し」「意義を持たせるように関連性を持たせて」「理知的に説明」するのが、「調査報道」を含むすべてのジャーナリズムに期待される社会的責任であり、機能なのである。

たしかにウィキリークスは、「それまで人々に知られていなかった活動」としての「秘密」を「暴露」していることはまちがいない。それはあたかも『原則』の「本来の調査報道」に該当するようにみえる。また、各種報道によれば、ウィキリークスはジャーナリストを含むボランティアで運営され、情報を受け取ると信憑性や同サイトの公開目的にかなうか、情報公開によって特定の個人が不必要に危険にさらされることがないかなどをチェックして公開に踏み切っているとされている。

しかし、これらの点が本当なのかはウィキリークス側からの情報公開がされていないため、いまだ社会的に確認されているとはいえない。実際、米国防省は「情報源が危険にさらされた」と強く非難している。このため、現時点でこの項目に照らしてみると、ウィキリークスはアナログ時代における内部告発者の役割をネットで〝代理〟している、あるいは告発者とジャーナリズム機関との〝仲介者〟にしかすぎないのではないかと思わざるを得ない。ウィキリークスは秘密情報を自らのサイトで公表しているが、情報を事前に新聞社に提供していることからいえば、ウィキリークス自らはジャーナリズムを行わず、それは新聞社に任せるというのが、同サイトの性格といえるのではないか。

ネット上には膨大な情報が存在する。ウィキリークスの提供する何十万点にも及ぶ秘密情報もその一部である。だが、その情報は膨大すぎて、人々はその中の何が自分や社会にとって重要かを自らが見極めることはほとんど不可能に近い。それに応えるのがジャーナリズムではないのか。「ジャーナリズム」をさらに広くとらえ、ウィキリークスの行う「代理」「仲介者」活動を含めることもできよう。だがその時、「ジャーナリズム組織」としてのウィキリークスの社会的責任とは何かが新たに問われることになる。

ネット上で見ることができる「情報の広大な世界」を対象にした取材は、発展するネット技術を駆使することによって多様に展開されるだろう。とくに、すでに述べた「大量の情報の高速処理技術」を利用すれば、『原則』でいう第一と第二の形態の調査報道をこれまで以上にスピーディーに、かつ広範な分野で行うことができるはずである。ただし、秘密の情報を「自ら」入手する方法として、ネット技術のひとつである「ハッキング」を用いることがジャーナリズムの倫理上許されるのかということが、ネット時代ならではの新たな問題として浮上することもまちがいないだろう。

いずれにしても、『原則』が示す三つの形態の調査報道を実行する重要性が変わるわけではない。しかし、そうした形態にこだわるよりも、「調査報道」とは「主体性を高度に発揮した取材報道」ととらえ、日常の報道を見直し、その「質」を高めていくことが重要なのではないだろうか。だれでも発信できるようになったネット時代だからこそ、一層それが求められている。

第８章　「尖閣映像」問題と「ジャーナリズムの原則」
――ネット時代の調査報道（その２）――

龍谷大学　小黒　純

政府が保有しているものの、公にしていない情報を、マスメディアはどう取扱い、どう報じるべきなのか。インターネットを通じて瞬時に情報が行き交う時代に入り、既存のマスメディアの在り方が問われている。本書のテーマである、マスメディアによる調査報道も無関係ではいられない。こうしたインターネット時代における調査報道は、どうあるべきなのだろうか。

二〇一〇年後半は、二つの象徴的な出来事が起こった。国内では、尖閣諸島沖で中国漁船が海上保安庁の巡視船に衝突した様子を撮影したビデオ映像が、インターネット上に流れた。一方、国際社会では、内部告発サイト「ウィキリークス（Wikileaks）」の動きが主要国政府を震撼させた。

こうした新たな事態にマスメディアは戸惑いを隠せない。どう考え、どうすべきなのかは、マスメディアによっても異なっているようだ。

本稿では、新聞の社説を中心に、全国紙の見解を確認し、整理したい。

１　「ジャーナリズムの原則」

込み入った問題を考えるときには、原点に立ち返っておきたい。

現代のジャーナリズムとジャーナリストのあるべき姿を論じた、ビル・コヴァッチとトム・ローゼンスティールによる『ジャーナリズムの原則』を参照しながら、いくつか重要な点を抑えておきたい。

同書はまず、調査報道の金字塔とも言うべきペンタゴン・ペーパーズの報道を挙げながら、第一の原則として「公正無私な真実の追求」（同四六ページ）を挙げている。情報が大量に流れる時代になり、人々は「何が真実で重要なのかを教えてくれる情報源を必要としている」（五五ページ）。だからこそジャーナリズムの存在意義があると指摘している。

次に、同書が第二の原則として掲げているのは、「ジャーナリズムの第一の忠誠の対象は市民」（五九ページ）だということだ。つまり、「ジャーナリストは誰のために働くのか」（同書の第三章のタイトルと同じ）と言えば、一義的には市民のために、なのである。

そして、特に調査報道との関係で言えば、「ジャーナリストは権力にたいする独立した監視役という役割をはたさなければならない」（一四三ページ）という原則も、忘れてはならない。本稿では「第三の原則[1]」と呼ぶことにする。調査報道の一つの類型は「記者自らがそれまで一般市民に知られていなかった活動を暴露し記録すること」(一四八ページ)である。

これらの原則を確認した上で、次章では、二〇一〇年九月から一二月にかけての、いわゆる「尖閣映像」問題について、主要な新聞の立ち位置について考察してみたい。

2　事例研究――「尖閣映像」問題

「尖閣映像」問題の概要

新聞報道などによると、二〇一〇年のいわゆる「尖閣映像」問題の概要は次の通りである。

9月7日　尖閣諸島沖で中国漁船が海上保安庁の巡視船に衝突。公務執行妨害の疑いで海上保安庁が中国人の船長を逮捕、送検した。海上保安庁はビデオで現場を撮影していたが、政府は公開せず。

9月25日　那覇地検が「今後の日中関係を考慮」し、処分保留で船長を釈放。船長は中国に帰国。

11月1日　海上保安庁が編集したビデオ映像(六分五〇秒)を、衆参両院の一部の議員に限定して公開。

11月4日　動画投稿サイト「ユーチューブ」に、衝突事件のビデオと見られる映像(計四四分）がアップされ、閲覧可能な状態に。テレビ各社はこの映像を引用する形でニュースなどで報道。新聞も写真などで伝えた。しかし、政府は依然、ビデオ映像を公開せず。

11月10日　神戸海上保安部の一色《いっしき》正春保安官が「自分が流出させた」と上司に名乗り出た。(2)メディアは一斉に「海保職員を逮捕へ」などと大きく報じた。

11月16日　警視庁と東京地検が「逮捕見送り」とメディアが報道。

12月22日　警視庁が一色保安官を守秘義務違反容疑で書類送検。海上保安庁は同保安官を一年間の停職処分に。長官ら二三人も懲戒処分。同保安官は依願退職。

「ジャーナリズムの原則」の適用

政府はこの映像を公開しないという立場を取った。第一の原則に当てはめれば、ジャーナリズムに携わるメディア（新聞やテレビなど）は「何が真実で重要なのか」を伝えなくてはならない。そのためには映像の内容について事実を確認し、見極めなければならないと言える。

具体的には、ジャーナリズムの責任においてビデオ映像を入手する。それがむずかしければ政府に公開を迫る。ビデオ映像を確認、分析し「何が真実で重要なのか」を見極める。そして報道する。

次に、誰のためにかと言えば、政府のためにではなく、市民のために、である。第二の原則に沿えば、そうなる。当時、一般市民は、この問題をどう考えていたのだろうか。

朝日新聞の世論調査(3)は、次のような設問を設けている。

「沖縄県にある尖閣諸島の沖合で、中国漁船が日本の巡視船に衝突した事件で、政府は衝突の場面を撮影したビデオ映像を一般に公開していませんでした。この判断は適切だと思いますか。適切ではないと思いますか。」

回答は、「適切だ　一二％」「適切ではない　七九％」だった。

すなわち、一般市民は圧倒的に、映像の公開を望んでいたと言える。忠誠の対象である市民がビデオ映像の公開を望んでいるのだから、メディアはできる限り報道する方向で取り組むべきである。

さらに、第三の原則が言うように、ジャーナリズムは「独立した監視役という役割」を担っている。その意味では、政府が万が一、このビデオ映像を隠そうとしても、権力からは「独立した監視役」として、自社の責任で報道すべきである。

新聞各紙の対応

では、新聞各紙五紙（朝日、読売、毎日、産経、日経）はどのように対応したのか。以下、検証する。

◆ビデオ映像を独自に入手できたか？

一般市民が初めてこのビデオ映像を見たのは、マスメディアの報道ではなく、動画投稿サイト「ユーチューブ」だった。海上保安庁の一色保安官が一一月五日に、ユーチューブにアップした。この点では、ジャーナリズムはその役割を果たせなかった。つまり、情報が公になる前に、どのメディアも取材によって、ビデオ映像を入手できなかったのである。

同庁の内部調査によると、九月一七日から二二日までは、職員なら誰でも閲覧できるフォルダーに入っていた。一色保安官以外にも全国で三六人が閲覧、そのうち一六人がＵＳＢメモリーなどに映像を保存していたことがわかった（読売新聞二〇一〇年一二月二三日朝刊など）。

本稿が問題にしているのは、同庁の情報管理の甘さではない。末端の職員でも閲覧できた映像を、なぜ新聞などのマスメディアが入手できなかったのか。マスメディアの取材力が弱っていると言わざるを得ない。しかし、この点についてマスメディアから反省の声は聞こえてこない[4]。

マスメディアはこの映像に無関心であったわけではない。海上保安庁が六分五〇秒に編集した映像は一一月一日、衆参両院の予算委員会理事ら三〇人が視聴するために、国会内において秘密会型式で公開された。この時点では一般公開の目途はまったく立っていなかった。

その際、例えば朝日新聞は、視聴した議員たちの証言を集め、映像の内容を再現している。「漁船の船首がほぼ直角に、「よなくに」の左舷広報に衝突。同一七分。「ゴーン」という鈍い金属音が響く[5]」など。

後述するが、ビデオ映像そのものを入手できずにいた。しかし、内容を伝える意思はあり、紙面化したのである。

◆政府に映像の公開を迫る立場

メディアは独自にビデオ映像を入手できなかった。そうだとすれば、政府に公開を迫ったのだろうか。

主要五紙のうち、ビデオ映像の公開を明確に迫っているのは、読売、産経、日経、毎日の四紙である（記事引用の日付はいずれも掲載日）。

読売新聞は、衝突事件が発生した直後の九月一六日朝刊の社説で、「ビデオを公開するのも一案ではないか」としている。続いて「ビデオの国会提出は公益性が認められる妥当な措置だろう」（九月三〇日）と指摘。国会における限定公開の際には「一般国民は伝聞の形でしか知る術（すべ）がない。やはり、ビデオ映像の一般公開は必要だ」（一一月二日）と主張している。インターネット上に流れた直後は、「政府または国会の判断で、もっと早く一般公開すべきだった」（一一月六日）と批判している。

さらに、社説では三度にわたって、国民に対するビデオの全面公開を繰り返し求めている。「改めて国民に対するビデオの全面公開を検討する必要があろう」（一一月九日）、「政府は国民へのビデオの全面公開を改めて検討すべきだ」（一一月一一日）、「政府はすみやかに映像を国民に公開し、これまでの判断の経緯を丁寧に説明する必要がある」（一一月一八日）など。その理由の一つには「海上保安庁には、「犯人捜しは望まない」といった意見とともに「映像が見られてよかった」などの声も寄せられているという」（同）として、国民の反応を理由に挙げている。

次に、産経新聞の主張は上記の読売新聞と同じベクトルである。「全面的かつ一般にも公開することが、日本の国益につながる」（一一月四日）と主張。その根拠には、世論調査で七八・四％が「全面公開」を求めていたことを挙げている。二日後には「菅首相は国民に伝えるべき情報を隠蔽《いんぺい》した非を率直に認め、一刻も早くビデオ映像すべての公開に踏み切るべきだ」（一一月六日）と憤っている。

また、日経新聞も、「映像の全面公開」を主張。刑事訴訟法上問題がない上、インターネット上で「憶測がさらに広がり、修復に向かいつつある日中関係の足も引っ張る恐れもある」（一一月六日）との理由を挙げている。また、約二週間後には「国家統治に関する情報を知る権利が国民にある民主主義の原則から、秘密性の薄いビデオ映像を公開しない政府方針は、確かにおかしい」（一一月一九日）と指摘している。

毎日新聞は、「政府は国民の不信をぬぐうため時期をみてビデオを公開すべきである」（一一月九日）と主張する。しかし、その理由はやや消極的で、「長時間ビデオの中には日中関係に深刻な影響を与えるとして政府が出したくない映像が含まれているのかもしれない。だが、ネット上に流出した映像は多くの国民がすでにテレビでも見た。もはや非公開を続ける理由は薄れたと言わざるを得ない」（一一月九日）というものである。

◆映像の公開を求めない立場

これらに対して、朝日新聞だけが立場を異にしている。政府にビデオ映像の公開は求めていない。映像を公開しないのは、「現時点での外交関係を踏まえた政府の高度な判断」（一一月一一日）だから、それに従うというのが理由である。この問題は、「権力にたいする独立した監視役」という観点から、次節で後述する。

朝日新聞は、「政府が持つ情報は国民共有の財産であり、できる限り公開されるべきものである」（一一月六日）との立場を示す。「朝日新聞は国民の知る権利の大切さを唱えてきた」（一一月一七日）とも述べる。さらには次のようにも説明する。

「秘密とすべきものか、明快な一線を引くのはむずかしい。情報の内容を精査して、国民が得る利益と損失を測り、そのつど判断するしかない。秘匿に傾く政治権力や官僚機構と、公開を求める国民との間に緊張をはらむ攻防がこれまで以上に生じることになるだろう。そのせめぎ合いの中でも、情報をできる限り公にして議論に付すことが民主主義を強めていくという、基本的な方向を社会で共有したい。」（一一月一一日）

しかし、「できる限り公開」と言っても、朝日新聞の主張には条件が付く。「ただ、外交や防衛、事件捜査など特定分野では、当面秘匿することがやむをえない情報がある」（一一月六日）。あるいは、「だが外交、防衛、治安情報をはじめ、すべてを同時進行で公にすることがその中身ではない」（一一月一七日）と。

こうして朝日新聞だけが、ビデオ映像を公開しないという政府の立場に沿った社説を掲載した。

◆「独立した監視役」だったか？

前述したように、主要四紙は、ビデオ映像の公開を求めた。理由としては、①ビデオ映像の「公益性」、②「映像が見られてよかった」という国民の声や、「全面公開」を求める割合が高い世論調査結果、③国家統治に関する情報を知る権利が国民にある民主主義の原則、④すでにインターネット上に流れてしまったこと、などを挙げている。

朝日新聞は上記の①～④のうち、③については肯定している。しかし、特定分野における「当面秘匿することがやむをえない情報」だと位置づける。④については、「政府の意思としてビデオを公開することは、意に反する流出とはまったく異なる意味合いを帯びる。短絡的な判断は慎まなければならない」（一一月六日）と釘を刺す。

公開を求める上記の①～④よりも、朝日新聞が重要だと位置づけるのは、政府の「高度な（政治）判断」を尊重することである。公開しないことを肯定する理由は、「取り扱いは、日中外交や内政の行方を左右しかねない高度に政治的な案件」（一一月六日）、「現時点での外交関係を踏まえた政府の高度な判断」（一一月一一日）などとしている。同じような表現は、中国人船長釈放についても、「高度な政治判断」（九月二五日、一〇月一日）というように用いられている。

では、「高度な政治判断」が何を意味しているのか。朝日新聞の紙面審議会[6]でもこの問題が取り上げられた。社説の責任者である大軒由敬論説主幹は次のように答えている。

「問題がこじれて、日中関係を悪くする方向に発展することは好ましくないということを基本に考えた。結果的に中国の態度に大きな影響を与えておらず、公開しても差し支えない内容だったと思う。」

短い説明ではあるが、ここには十分すぎるほど、朝日新聞の立場が説明されている。すなわち、政府がビデオ映像を公開すべきか否かは、「日中関係」「中国の態度」を考えて判断するというのである。政府は悪影響が出ると判断し、朝日新聞はそれを追認した。

「ジャーナリズムの原則」に逸脱

以上のように主要五紙を比較してみると、朝日新聞だけが立場を異にしていたことが明らかになった。言論の多様性は保証されるべきである。しかし、前節で触れた、「ジャーナリズムの原則」に照らすと、どうだろうか。

第一の原則について。朝日新聞も含め五紙はいずれもビデオ映像を独自に入手できなかった。しかしながら、朝日新聞を除く四紙は、政府に全面公開を求める主張を展開した。独自に入手するか、政府に公開させるかしないで、どうやってジャーナリズムが「何が真実で重要なのか」を見極められるというのか、はなはだ疑問である。それはおおよそ「真実追求」とはかけ離れている。

第二の原則について。「国民の知る権利」や、政府による非公開を「適切でない」とする声が七九％という世論調査結果よりも、朝日新聞は、政府の「高度な政治判断」を優先する。社説の責任者が「問題がこじれて、日中関係を悪くする方向に発展することは好ましくないということを基本に考えた」と説明している。政府の方針を支持し、市民には情報が閉ざされるのはやむを得ないとする。その点では「ジャーナリズムの第一の忠誠の対象は市民」という原則から逸脱している。

第三の原則について。朝日新聞は政府の「高度な政治判断」を追認したが、その判断が妥当かどうかは、映像自体を確認しない限り見極めが付かないはずである。朝日新聞の立場は、自らは映像を見ていないし、国民にも映像を公開すべきではないが、政府の「高度な政治判断」は信じましょう、ということである。つまり「独立した監視役」という役割は全く果たせなかったと言える。

「情報の公開とそれにもとづく討議は民主主義に欠かせぬという認識を互いに持ち、ケースごとに全体の利益を見すえて公開の当否や時期を判断する。この積み重ねこそが社会を鍛える」（一一月一七日）という言葉が逆に虚しい。

３　ウィキリークス

インターネット時代に、マスメディアよりも先に、政府が秘匿していた情報がインターネット上を駆けめぐるという事態が起こった。いくら情報管理を徹底したとしても、これからも同様な事態は起きると予想される。その際、ジャーナリズムの担い手であるマスメディアはどう対応すればよいのだろうか。

「尖閣映像」問題では、主要五紙で対応が分かれた。一つの試みとして本稿では「ジャーナリズムの原則」を適用して検証を試みた。

それでは、ウィキリークスについてはどうなのか。前原外相は記者会見で次のように述べている。

「これはもう言語道断だと私（大臣）は思います。犯罪行為ですから。つまり、勝手に他人の情報を盗み取って、それを勝手に公開する。それがいかに未公開の秘密文書であれ、それを判断するのは、持っている政府であって、勝手に盗み取ってそれを公表することに評価を与える余地は全くないと私（大臣）は思っています」（外務省ホームページの「外務大臣会見記録（要旨）」）

こちらも主要五紙では見解が分かれている。詳しい検証結果は別の機会に譲るが、五紙の中では、朝日新聞がウィキリークスを最も好意的に評価していると言える。例えば、社説（朝日新聞一二月九日朝刊、社説「ウィキリークス　公益の重みで判断したい」）は、ウィキリークスが公開した外交公電の内容を欧米のメディアが分析した上で報道したとし、「現時点までこのネットとメディアの協業は、読者に公益性を感じさせ、民主主義に資する情報を流通させる役割を果たしているのではないか」と前向きに評価している。

この社説はさらに、「各国政府の担当者がこれまでのやり方での外交や情報収集をしづらくなるのは事実だろう。また、公開を前提としていなかった情報が国内世論をあおり、その結果、理にかなった外交政策の遂行がむずかしくなる恐れはある」としながらも、「だが、国際関係の真相を知ることは市民が国のあり方や針路を決める民主主義に欠かせない。政治権力が国益を盾にして都合の悪いことを隠してきた歴史は、ベトナム戦争や沖縄返還交渉を思い出すだけでもきりがない」とまで言及している。

こちらは「ジャーナリムの原則」に沿った考え方だと言えよう。

その一方、読売新聞の社説は「国民ののぞき見趣味に迎合するかのような、無責任な暴露と批判されても仕方あるまい」（一二月一日）などと、朝日新聞とは正反対の評価を下している。

朝日新聞と読売新聞とでは、「尖閣映像」問題とウィキリークス問題とでは、立場がちょうど入れ替わった形だと言える。

このようにメディアの対応はまだ定まっていないように見える。これからますますしっかりとした議論が求められる。

（１）　同書には合計九つの原則が示されている。「権力監視役」の原則は九つのうち五番目。

（２）　本人の手記は『何かのために　sengoku38 の告白』（朝日新聞出版、二〇一一年）として出版された。

（3）　二〇一〇年一一月一三―一四日に実施。調査結果の報道は一一月一六日朝刊。

（4）　大阪府の橋下徹知事は「日本のメディアの力はもっと強いはず。メディアが報じればよかったんじゃないか」（朝日新聞一一月一二日朝刊）とコメントしている。

（5）　朝日新聞一一月一日夕刊「かじ切り体当たり　逃げ惑った感じ　尖閣衝突ビデオ国会視聴」

（6）　一二月九日東京本社で開催。ダイジェストの紙面化は一二月二一日朝刊

参考文献

ビル・コバッチ、トム・ローゼンスティール『ジャーナリズムの原則』加藤岳文・斎藤邦泰訳、日本経済評論社、二〇〇二年（Bill Kovach & Tom Rosenstiel, *The Elements of Journalism: What Newspeople Should Know and the Public Should Expect*, Three Rivers Press, 2001）

第９章　調査報道は不滅

――調査報道の分類とジャーナリズムの活性化――

東京都市大学　小俣一平

インターネットの普及と急激な発展によって既存のマスメディアが苦戦を余儀なくされて五年余りになる。新聞の発行部数は、伸び悩むどころか減少の一途をたどっている。テレビの広告収入は激減し、出版業界は休刊や倒産が後を絶たない。大学の授業で、マスメディア志望者に、「新聞を読んでいる人」「テレビを見ている人」「雑誌を購読している人」と訊ねて挙手を求めると、驚嘆するほど皆無である。いまやマスメディアの主流は、インターネットに移行しつつあると断じても異論はないであろう。しかしマスメディアの衰退がジャーナリズムの衰退とイコールかといえば、否である。なぜなら人が生活する上で、ニュースや報道はなくてはならないものであり、メディアの形態は変わっても、伝えるべきもの、人が知りたいと願うものは不変だからである。

読者、視聴者が知りたいものは、多岐にわたっているが、とりわけ国家権力が隠蔽しようとする事実を暴くことは、ジャーナリズムの真髄であり、国民がジャーナリズムを信頼する所以である。こうした報道が実現できるのは、まさに「調査報道」をおいて他にない。筆者は「調査報道」こそが、ジャーナリズムを活性化させる最もジャーナリズムらしい報道形態であると考えている。

1　調査報道の新しい分類

「調査報道」とは

「調査報道」(investigative reporting) とは、「あえて定義づければ、当局に依拠しないで報道機関の責任で独自に調査・取材し、権力悪を追及することである」(山本博「調査報道とは何か」『新聞研究』二〇〇一年三月号、二四ページ)。

これは、日本の「調査報道」の第一人者、元朝日新聞社会部記者・山本博の定義である。この定義が導き出されるまでには、幾多の「調査報道」に対する言説が繰り返されてきた。しかも多くは、記者の体験による定義が主なもので、取材対象は最初から「権力悪」と捉えるケースがほとんどであった。日本の「調査報道」観は、一九七〇年前後にアメリカで見られた「調査報道」によるスクープに裏打ちされたものであり、具体的にはブルース・ポーターとティモシー・フェリスが、『ジャーナリズムの実践』の中で述べている次のことに代表される。

「調査報道記者は、通常人目に触れないように隠されているニュースを探している。（略）それは、ベトナム、ミライの大量虐殺を明るみにしたシーモア・ハーシュ、ニクソン大統領の退陣につながるウォーターゲート事件の記事を書いたワシントン・ポストのカール・バーンスタインとボブ・ウッドワード、調査員を使って他国のリーダーに対するＣＩＡの陰謀から漫画家の大学での講演活動中のセックス・スキャンダルまで、さまざまなストーリーを掘り起こしたワシントンのコラムニスト、ジャック・アンダーソンが含まれる」（Bruce Porter and Timothy Ferris, *The Practice of Journalism : A Guide to Reporting and Writing the News*, Prentice Hall, Inc, 1988, p.276）

アメリカで火がついた「調査報道」だが、日本では、一九七四年一〇月に『文藝春秋』一一月号に掲載された立花隆の「田中角栄研究」を先駆とする（植田康夫「日本における『調査報道』の先駆――立花隆『田中角栄研究』の意義」『コミュニケーション研究』二〇号、一九九〇年、一一七―一三九ページ）。当時政界など一部でも、田中角栄をめぐる金脈疑惑は取り沙汰されてはいたものの、風聞の域を出なかった。それを立花が徹底したデータ収集と裏付け取材によって、初めて実態を浮かび上がらせた。このことは、当時の『文藝春秋』編集長の田中健五の回想からも窺い知ることができる。

「初めは二人ぐらい足（取材記者）をつけました。ところが調べていくうち、一片の記録を写すのにも非常に手間と人手がいるというのでだんだん人を増やして最終的には二〇名の取材記者を投入した結果になったのです」（田中健五「〝文春問題〟をめぐって」『出版クラブだより』第一二二号、一九七五年、四ページ）。

「調査報道」はこのように、時間とカネと人手を駆使して初めて成立する取材手法であり、従来の「報道発表」の前に、時間差（当局などの発表よりいち早くニュースをキャッチして報道する）で、スクープする特ダネとは、質的に大きく異なるものである。

山本の定義を敷衍すれば、「知られていない事実」「発表されていない事実」を自らの力で掘り起こして、さらに調べ上げ、自社の責任で、つまりクレジットは「わが社の調べによると」式の報道になる。しかも、その報道がなされなければ、永遠に日の目を見ることのない事象である。「田中角栄研究」の場合は、「立花隆と取材班」による独自の取材と、「文藝春秋社」の責任において、「田中首相の金脈の事実」を詳細に報じた、まさに「調査報道」であった。

田中角栄にまつわる風聞があったとはいえ、〝埋もれた事実〟を自らの手で掘り起こしていったところに「調査報道」たる所以がある。だが、その後の言説を顧みると、すでに明らかにされている事象を、掘り下げることで、全く新しい事実を浮き彫りにした報道について、はたして「調査報道」と捉えることができるのか。現場の記者たちの間でも異論があるところだ。

例えば、一九七六年に発覚したロッキード事件の場合、最初は朝日新聞朝刊が《ロッキード社丸紅・児玉氏へ資金》（朝日新聞一九七六年二月五日付朝刊二面）とスクープしたのが第一報だった。しかしこの記事は、米上院の多国籍企業小委員会（チャーチ委員会、民主党）が、二月四日の公聴会で米ロッキード航空会社が、違法政治献金リストを明らかにしたことが端緒であった。もちろんこのニュースに特異なものを嗅ぎつけた朝日新聞の特派員が、速報として朝刊最終版に記事を送ったことが、取材スタート時点での雌雄を決した。毎日新聞にもＵＰＩの外電記事がテレックスで外信部に届いていたが、締め切り時間の午前一時半過ぎまで気づかず涙をのんだように、他の全紙も同様だった。もちろん朝日新聞の記事が、「調査報道」でないことは、言うまでもないことだが、捜査に着手する前に特派員や外電によって、将来事件に発展する可能性があるものとして報道され、世間の耳目を集めていた。

捜査着手までタイムラグがあったことで、以後各社は独自の取材力で、事実を掘り起こして報道している。この部分を「調査報道」と捉えるかどうか。侃々諤々の論議は一九八〇年代の『新聞研究』誌上で展開されたが、当時は、立花レポート以外に、これこそは「調査報道」だと提示できる具体的な事例が日本のマスメディアには存在していなかった。

その後、表1が示すように数々の「調査報道」が、展開されるようになり、ケース、ケースによって、ひとくちに「調査報道」と言っても、形態が異なることがわかってきた。

調査報道を分類すると

ロッキード事件報道のような、当局情報を基に独自取材で得た情報を報道するケースについて

表１　「調査報道」変遷略史（筆者作成）

年代	年	報道事件	
	1952	菅生事件☆	定義の未確定期
	1964	神戸新聞社「専門調査報道室」創設	
	1967	アメリカで「調査報道班」登場（タイムズミラー）	
70年代	1974	田中角栄研究★	認識拡大
	1978	ダグラス・グラマン事件☆	
	1979	鉄建公団事件☆	
	1979	ＫＤＤ事件☆	
80年代	1981	ロス疑惑☆	日本型「調査報道」の登場
	1982	三越古代ペルシャ秘宝展疑惑★	
	1983	東京医科歯科大事件★	
	1988	薬害エイズ★	
	1988	リクルート疑惑★	
90年代	1990	中曽根元首相側近疑惑★	「調査報道」の定義の確立
	1995	道庁公費乱用☆	
	1998	片山隼君事件☆	
	1999	商工ローン事件★	
00年代	2000	ＫＳＤ疑惑★	「調査報道」の再評価
	2000	桶川ストーカー殺人事件☆	
	2000	旧石器発掘ねつ造★	
	2002	防衛庁リスト報道☆	
	2002	Ｃ型肝炎☆	
	2003	高知県警・道警裏金☆	
	2004	志布志県議選事件☆	
	2006	ワーキングプア報道☆	
	2008	アスベスト被害☆	
	2008	偽装請負☆	
	2008	足利事件☆	
	2009	核密約☆	
	2009	セブン・イレブン問題☆	
10年代	2010	大阪特捜ＦＤ改ざん☆	

★特別調査報道
☆発展型（特別）調査報道

は、山本博が、「当局情報との混在型調査報道」（山本博『朝日新聞の「調査報道」』小学館文庫、二〇〇一年、三二六ページ）と定義づけた。

そこで筆者は、過去の記事やニュース、ニュース企画から検討してみた。その結果、「調査報道」は三つに大別されることがわかった。

一つ目は、①報道しなければ日の目を見ない、②独自調査、③自社の責任で報道——の三要素からなる一般的な「調査報道」である。

二つ目は、この①～③の条件に加えて、④権力、権威ある者、組織などが取材対象、⑤（報道への）他社の追随、⑥読者、視聴者、国民の関心を引く、⑦権力、権威の反応や社会的影響がある——以上四点を加えたもので、「特別調査報道」と名づけた。

報道の現場は、つねに（特ダネを）「抜いた」、「抜かれた」で各社は鎬を削っている。部外者から見れば、無意味なように思われがちではあるが、こうした競争自体が報道の速報性に適うことであり、ニュースの定義のひとつでもある「新しい事象を報じる」ことである。そのため、「特ダネ」は各社が後追いするような内容でなければ、「特ダネ」とは言わず、どこも追って書かないような記事（ニュース）は、「特ダネ」と呼ばずに「＊＊社の独自ダネ」と言って区別されている。

その点を考慮するならば、各社の後追いが、すぐに現れなくとも、時間を置いて報じられる場合、「特ダネ」だったと改めて評価を受けるケースもある。

また各社が追随するような特ダネは、新聞の一日の発行部数が五〇〇〇万部を超え、テレビ、ラジオも同様の報道をするとなれば、その影響は計り知れない。それは、政策決定者や行政の担当者、あるいは法曹界だけでなく、あらゆる分野に大なり小なりの影響をもたらすことになる。そういう意味では、社会的変化や影響を与えるような報道が、「特別調査報道」とも言えるわけである。

しかし⑤〜⑦については、「調査報道」がもたらす結果であり、社会的影響であることを考慮するならば、報道の成果が出るタイムスパンをはかることができないことや、輿論喚起の結果は、次の選挙まで待つなど、別の要素を加える必要があって、「定義」にはなじまない。

そこで⑤〜⑦のあるなしに関わらず、報道形態として、①〜③の要件を満たし、取材対象が権力や権威と関係のないケースを、一般的な「調査報道」とし、①〜③に④の「権力、権威ある者、組織などが取材対象」を加味したものを「特別調査報道」として差別化した（小俣一平、『早稲田大学大学院公共経営研究科紀要』二〇〇九年、所収）。

「調査報道」の醍醐味は、その権力を取材対象にしたときである。ひとくちに権力と表現しても、具体的な部門や実態は多岐にわたっている。政治権力もあれば行政権力もあり、経済権力も、学問の世界での学会権力も存在する。こうした権力や権威を対象にした「調査報道」が、「特別調査報道」である。

三つ目は、先に山本が提示した「混在型調査報道」である。

取材の過程では、小さなヒントやジャーナリストの問題意識から、その奥にあるものを掘り起こしていくケースが多々あり、各社独自の取材から得たニュースは、従来「独自ネタ」「特ダネ」と称されていた。その多くは、当局が発表する前に、いち早く当局から情報をキャッチしてスクープするケースが多く、「調査報道」とは異質のものであった。山本の「発表や当局情報＋独自調査＝混在型」という図式は、ヒントは当局発表にあるものの、記者の独自の取材、裏付け、さらには新事実の発見により、自社のクレジットで報道するケースを示していると思料される。

筆者は、こうした「混在型調査報道」については、「調査報道」と捉えてこなかった。と言うのも「調査報道」は、あくまでも「記者が書かなければ日の目を見ない事実」であり、内容の細部に明らかになっていない部分があろうとも、発表された事実によって読者は大枠では何が起きているかわかっているわけで、そういう意味では、「独自ダネ」にすぎないと長らく考えてきた。かつての同僚記者や現場で活躍している一線の記者たちに質してみても、筆者と見解は同じであった。

しかし、スタートが当局情報であっても、その時々に各社の独自の「調査報道的報道」があった点を考慮すると、山本の分類は首肯できると考えるに至った。というのも、筆者が「調査報道」にこだわる理由の一番が、「発表オンリー報道」つまり「依存型」報道からの脱却であり、「発表報道」からスタートしても、追跡や検証、さらにはキャンペーン、そして「調査報道」へと展開する取材、報道の手法を望むからに他ならない。

アジェンダ・セッティングのイニシアチブをマスメディアの側が握ることが重要なのであって、「調査報道」の分類もできるだけ幅広く、かつハードルを低くした方が、どの記者も「調査報道」に取り掛かる意欲を失わないですむと考える。そこには、「依存型」報道からの脱却、「自立型」報道の確立への期待があることを意味している。「調査報道」は、まさに「自立型」報道の最たるものであるとの認識に立つからである。

つまり、取材のきっかけは当局発表だったり、発生ものであったりしても、その後は「調査報道」の取材スタイルを踏襲し、全く新しい事実を発掘、報道するものである。そうなると、今度は「混在型」という捉え方が、実態にそぐわないことに筆者は注目した。「混在型」では、いかにも当局発表の域を出ないいか、並立されているように受け止められかねない。むしろ、独自の取材を「発展」させたものであり、それ故に「調査報道」を名乗ることができると解すべきと考えた。また、その方が「調査報道」を際立たせ、取材者のモチベーションを高める可能性があるように思われる。それならば「展開型」でも良いのではないかとの指摘も為されそうであるが、「展開」では、ジャーナリストの取材を伴わなくても、事態が勝手に展開するケースも推察される。

さらにジャーナリストが取材するのは、新たな展開を求めて当然の作業として行っていることで、とりたてて述べるまでのことではないようにも思われる。

その点、「発展型」には、ジャーナリストの地道な活動が、事態を発展させて「調査報道」に

表２　調査報道分類表（筆者作成）

Ⅰ　調査報道	①永遠に日の目を見ない事実 ②独自の取材・調査 ③自社の責任で報道
Ⅱ　特別調査報道	「Ⅰ　調査報道」の①～③に加えて ④取材対象が、権力、権威あるいは組織や団体、個人の不正や腐敗、疑惑、怠慢を暴く報道
Ⅲ　発展型調査報道	①調査当局や官公庁、団体、組織、個人が明らかにした事実を、別の視点や追跡取材することで、新たな事実を発掘し、報道（かつての「発表＋独自」報道） ②「（わが社の）調べによると……」式のクレジットが必要 ③「追跡型」以外にも「検証」報道や「キャンペーン」報道を通じて、新たな事実を発掘する「調査報道」もこれにあたる

結びついていく点で、明らかな違いがあると考えられる。

そこで筆者は、「調査報道」を改めて三つに分類した（表２）。

Ⅲの「発展型調査報道」の中には「権力」「権威」を取材対象とした「特別調査報道」も含まれることも明示したい。

ところで上記の分類表で明らかなように、「調査報道」の取材対象に権力や権威が対象とならないケースには具体的にどのようなものがあるか。そのひとつに一九八一年の毎日新聞による偽絵画事件がある。文化勲章受章者の洋画家、田崎広助の「朱富士」などの偽絵画十数点が京都や東京で出回っているとして、その偽絵画作家を追跡したものだ。また変遷略史にある「ロス疑惑」は、『週刊文春』が「疑惑の銃弾」のタイトルで取り上げたものである。このほか、自然災害による影響や農作物の被害に関する調査報告など、マスメディアが報道しなければ、日の目を見ることがない事実を、独自の調査で解明し、自社の責任で報道する。これを一般的な「調査報道」と捉えると、これまで「独自ダネ」と言われて来たものの中にも、いくつもの「調査報道」があることが判明する。

その一方で、権力や権威を取材対象にしたケースは、「調査報道」の王道と言える。三越という日本を代表する百貨店（経済権力、権威ある老舗店）で偽物の秘宝が展示された「古代ペルシャ秘宝展疑惑」、東京医科歯科大学医学部教授選考にまつわる収賄疑惑（国立大学の権威、学界権威）、リクルート疑惑（大手企業という経済権力、地方自治体の助役という行政権力、さらには政界という政治権力）等々、枚挙にいとまないほどだ。「調査報道」を手がけてきた企業ジャーナリスト（既存のマスメディアの記者たち）や研究者たちの多くの認識が、「調査報道」とは「権力・権威あるもの」を対象としている。

しかし繰り返しになるが、「権力・権威」あるものでなくても、日常生活のなかで、「取り上げなければ日の目を見ることのない事実」を、独自に掘り起こすのは、「調査報道」ではないのか、という疑問が生じ、むしろジャーナリズムの活性化、発表報道からの脱却をめざすという観点から、そうした「権力・権威」とは直接関わりがない取材対象についても「調査報道」と捉えることで、記者たちの意識を高められる。そのことによって、日本中の記者たちが「調査報道」を意識化することが重要だと考えている。

2　発展型調査報道

「発展型調査報道」の意義

それでは「発展型調査報道」にはどのようなものがあるであろうか。すでに明らかになっている事実や報道を、独自に掘り下げて、自社の責任、つまりクレジットで報道する「発展型調査報道」は、ロッキード事件以前にも存在したが、「独自報道」「独自ダネ」と言った形で「特ダネの一種」と見られてきた。そこには「調査報道」と改めて意識化する習慣がなかったと言っていい。一九七四年の「田中角栄研究」の登場によって、当局の確認や捜査なしでも自社の責任で独自取材したモノを報道することが「調査報道」と認識するようになって、各社とも一斉に、「知られざる真実」を探求するようになって行った。そういう点で、「調査報道」の最も多いケースが、この「発展型調査報道」のスタイルである。

その典型的な事例を、半世紀以上も前に見ることができる。一九五二年六月に大分県直入郡菅生村で起きた駐在所爆破事件（通称・菅生事件）報道である（小俣一平『ＮＨＫ放送文化研究所年報２０１０』二七八―二七九ページ）。

事件は、冷戦や朝鮮戦争という時代状況の下で発生した。当時暴力革命を目指していた日本共産党の山村工作隊の青年たちが、駐在所に爆発物を仕掛けて爆破させたとして、五人の共産党員が爆発物取締罰則違反などの罪で逮捕・起訴された。公判では、この事件に「市木春秋」となのる正体不明の人物が深く関わっていて、爆破直後に姿をくらましたことを被告たちが訴えても、警察や検察ばかりか裁判所も取り上げることなく、少年一人をのぞく四人が、懲役一〇年～三年の実刑判決を受けた。

控訴審が始まると、「市木」の存在に強い関心と疑惑を持った地元の新聞記者たちが取材を続け、市木が「戸高公徳」という警察官であることを写真入りで報道する。ラジオの記者やアナウンサーが、事件の洗い直しをはじめ、さらに東京の通信社や全国紙の記者たちも加わって、独自取材、独自報道という今日で言うところの「調査報道」を展開した。結局、警察ぐるみで新宿区内のアパートに匿っていた戸高を、共同通信社会部特捜班の原寿雄、斉藤茂男らが発見し、戸高は表舞台に引き出される。事件は大分県警察本部警備部長が指示して、囮捜査員の戸高を使って仕組んだ警察のでっち上げだったことが裏付けられ、控訴審、最高裁とも逆転無罪が言い渡された。まだ「調査報道」という言葉すらなかった一九五〇年代後半のことである（本書第6章、拙著、筆名・坂上遼『消えた警官――ドキュメント菅生事件』講談社、二〇〇九年）。

このケースを見てみると、事件自体は、爆破現場に毎日新聞記者四人がいたこともあって、大分県を中心に広い範囲で知られた事案だったが、発展型調査報道（この場合は、警察権力が取材対象なので、発展型特別調査報道である）を展開したことによって、秘められた真実を暴き出す「調査報道」となっている。その点では、「発展型調査報道」の先駆と位置づけることができる。

一方、「発展型調査報道」の最近の事例としては、どのようなものがあるのか。

その一つに、『テレビ東京』「田勢康弘の週刊ニュース新書」（毎週土曜日午前一一時三〇分―一二時三〇分放送）の企画特集がある。この特集は、様々な角度から、社会事象に斬り込んでいく「調査報道」が売り物で、二〇〇九年に六回にわたって放送した「コンビニ弁当安売り問題」では、「廃棄ゴミ」という環境問題の視点からセブン-イレブンを追及している。担当の阿部欣司ディレクターは、「取材のきっかけは、『値引き制限排除命令へ』という公正取引委員会による独占禁止法違反をめぐる記事でした」（阿部欣司ディレクター・ヒアリング二〇〇九年一〇月一〇日）と語るように、端緒がすでに明らかになっている点では、「発展型調査報道」である。

阿部がどうしても気になったのが、公正取引委員会の排除命令よりも、いまの時代、環境問題を無視して、大量の弁当を廃棄処分にしている実態だった。「期限切れでない弁当を捨てるのはもったいない」として安売りした加盟店が、セブン-イレブンからペナルティーを課される。「大量の弁当廃棄は、環境問題だ」として、阿部は、セブン-イレブンが契約していた「アグリガイアシステム」という大量の食品廃棄物（期限切れ直前の弁当を廃棄させたもの）を家畜の飼料や肥料に転換する会社の事業停止問題から斬り込んで行った。その延長線上に見えてきたのが、業務停止（事実上の倒産）の背景であり、セブン-イレブンの責任問題、融資した銀行団や千葉県、農水省の対応だった。

阿部の「調査報道」の意義は、問題意識の立て方であり、視点を変えることによって、新たな事実を抉り出している。つまり、独占禁止法違反事件と捉えるだけでなく、別の角度から「環境問題」として掘り起こし、経済権力を対象とした「特別調査報道」になっている。

このように記者の問題意識によって埋もれていた事実や忘れ去られようとしていたニュースが、

再び甦るケースが、「発展型調査報道」の特徴とも言える。

「発展型調査報道」としての朝日スクープ

朝日新聞社大阪本社社会部の「大阪地検特捜部の主任検事による押収資料改ざん事件」のスクープが、優れた「調査報道」であることは言をまたない。

記事を基にその報道がどのような意義を持つかを考察してみたい。

記事が掲載されたのは、二〇一〇年九月二一日朝刊の一面トップと社会面、それに第二社会面で、一面は「検事、押収資料改ざんか」の横見出しと「捜査の見立て通りに」「FDデータ書き換え」、九行にわたるリードと七〇行の本文、さらに「主任検事が大阪地検側に説明した主な内容」と「郵便不正事件」の説明で占められている。

社会面はトップ記事として、「改ざん」の疑いを検証する弁護人側の主張が、リード七行、本文一〇五行にわたって詳細に掲載され、さらに「厚生労働省元局長の村木厚子氏の話」が八行で、コンパクトにまとめられている。あわせて「偽の証明書発行事件を巡るフロッピーディスク（FD）のデータ改ざん疑惑の流れ（朝日新聞の取材にもとづく）」が三段にわたって図表で、また「フロッピーディスク（FD）のデータ改ざん疑惑の経緯」を「大手情報セキュリティー会社の解析結果などによる」裏付けを基に三段の年表で提示している。

第二社会面では、「判決でも批判」、「証拠の重み軽視」の見出しで、今回の郵政不正事件をめぐる大阪地検特捜部の捜査が、このＦＤの取り扱い以外にも、公判などでいかに杜撰であったかを、八二行の記事で振り返っている。そのうえで、このスクープの端緒をつかみ、「調査報道」の中心的役割を担った板橋洋佳記者が、三四行の解説記事を書いている。

記事の概要は、二〇〇九年二月大阪地検特捜部が、障害者団体向けの郵便割引制度を悪用した広告会社元取締役らを逮捕、捜査の過程で割引制度適用の証明書を厚生労働省が発行していたことが発覚。偽の証明書を作成した上村勉係長（当時）、さらに指示したとされる村木厚子局長（当時）が虚偽有印公文書作成・同行使で逮捕、起訴された。捜査は、二〇〇四年六月上旬に村木元局長から指示された上村元係長が証明書を発行という構図で進められて行った。ところが、上村元係長の自宅から押収したＦＤには、偽の証明書や文書の作成日時が、「〇四年六月一日午前一時二〇分〇六秒」と記録されていて、検察が描いた「村木元局長の指示を受けて」という構図が崩れてしまった。そこで担当の前田恒彦主任検事（当時）は、自分の捜査の見立てにあうように、上村元係長が偽の証明書や文書を作成した日時を「〇四年六月八日午後九時一〇分五六秒」と改ざんしていた。しかし捜査報告書には、元のＦＤ通り六月一日に証明書や文書が作成されたことが記載されており、このＦＤは、証拠として採用されなかったというものだ。

朝日新聞の一面から見ていくと、まずリードにはこう書かれてある。

「郵便割引制度をめぐる偽の証明書発行事件で、大阪地検特捜部が証拠として押収したフロッピーディスク（ＦＤ）が改ざんされた疑いがあることが朝日新聞の取材でわかった。」

（傍点筆者）

このように記事が、「朝日新聞」独自のものであり、報道の責任は朝日新聞社にあることを明示している。今日、新聞記事の八〇％以上は、当局側のクレジットが付いた「発表報道」か観戦記事かインタビューや寄稿記事であり、自社のコラムや論説を除くと「独自報道」は五％にも満たないのが実情である（小俣『ＮＨＫ放送文化研究所年報２０１０』二四九―二五四ページ）。それだけに他紙を圧倒する紙面となっている。

さらに「取材を受けた検察庁側が」「朝日新聞が今夏、上村被告の弁護団の承諾を得たＦＤの記録を確認したところ」「朝日新聞が大手情報セキュリティー会社（東京）にＦＤの解析を依頼」「検察関係者は、」といくつもの個所で、朝日新聞しか知り得ない情報を基に、独自の調査、取材を繰り広げている痕跡が窺える書き方で、国家権力・検察権力を対象にした「特別調査報道」であることが明確である。

「新聞協会賞」の選考は、すでに九月一日に決まっているため、日本新聞協会は、一〇月六日に「すぐれた調査報道として高く評価できる」として追加発表した。

新聞協会賞の受賞もさることながら、その優秀性を列記するならば、次の三点を挙げることができる。

(1)　取材対象が起訴独占の国家権力であり、妥協を許さぬ取材姿勢が「日本最強の捜査機関」

と言われる「特捜検察」を追いつめた。特捜検察は、一九四七年一一月に隠退蔵事件捜査部として創設され、二年後に今日の特別捜査部と改称したが、常に「巨悪を眠らせない」を合言葉に、捜査の照準は、政治家、官僚、財界人であり続けて来た。そうした過去の栄光は、しばしば取材する側を躊躇させがちである。そこに斬り込んでいくだけの「確実な情報」を収集し、裏付けが取れたところに勝因がある。

一〇月七日朝刊にその経緯の一部がつまびらかにされている。

板橋記者が、「捜査を担当した主任検事が、押収したＦＤのデータを改ざんした」という情報をつかんだのが七月、ここで検察サイドに確認に行かず、すでに返却されたＦＤを所持している上村被告の弁護人を数週間かけて説得し、同意を得た上で東京の大手情報セキュリティー会社に解析を依頼して、動かぬ証拠を押さえた。全ての準備を整えたところで、検察幹部を直撃、これで検察は完全に抗弁できなくなった。

結果から振りかえれば、じつに劣悪な検察官の犯罪行為だが、取材の過程では、「はたしてこんな馬鹿なことがあり得るのか」といった疑問や「取材源が、相手を陥れるためにニセの情報を流しているのではないか」といった疑心暗鬼に囚われがちになる。そこを突破するのが、「事実」であり「客観的証拠」となる。今回の場合のＦＤがそれに当たる。

(2)　今回の「調査報道」は、郵便不正事件の捜査も終結、記者の関心は、無罪が予想される村木氏の判決に移っていた。その間隙を縫う形で、記者は地道な取材を続けていた。しかも情報キャッチから二ヵ月という期間は、短いようで長い。というのも情報をキャッチした側は、他社に同じ情報が漏れることを極力嫌う。七月にキャッチして、弁護士に接触して、おそらく協力してくれる検察関係者に水面下で取材していたことは体験的に推測される。それだけに、他社の記者の怠慢も朝日新聞のスクープに手を貸したことになる。

「発展型調査報道」の危うさは、各社がすでに知っている事案を、掘り下げたり、検証したりする中で始まる。記者が、検事の不正をキャッチできたのは、日頃の積み重ねから、他社よりもネットワークが広く、深い信頼関係を維持できていたからに他ならない。

⑶　朝日新聞が報道しなければ検察腐敗の実態が詳らかにされることがなかった。そこには、取材チームの取材力、人脈力もさることながら、社内文化が大きく左右している。例え記者が、大きな情報を持ってきたとしても、「捜査当局の裏付がない」「捜査当局が動かない」と言った理由で、記事にできないケースは枚挙にいとまない。「朝日新聞ならでは……」と言える社内文化が報道に大きく作用している。それは、一九八〇年代以降の「調査報道」は、朝日新聞が常にリードオフマンの役割を果たしてきたことからもうかがえる。

今回のＦＤ改ざん事件は、自己の意志を貫徹させることで、無実の被告を罪に陥れようとした悪辣な捜査であった。しかも国家権力の中でも、司法、とりわけ検察権力は、唯一の起訴独占を認められた機関であり、朝日新聞の記者たちが、それを徹底的に追及挑戦して行ったところに秀でたものを見る。しかも「発展型調査報道」という、スタートラインでは、全員参加型の取材合戦であり、とりわけ今回のケースは、二〇一〇年秋、最も注目された「村木裁判」を舞台にしている。つまり、コツコツ取材活動を続けていれば誰もがつかむことができたかもしれない可能性の多い情報を、一人の記者がキャッチする。まさに特ダネの醍醐味である。

インターネット華やかりし時代である。ニュースは、インターネットでしか見ない人がドンドン増えている。既存のマスメディア（新聞・テレビ・出版）が、衰退していく中で、ジャーナリズムを活性化させるのは容易ではない。そうした現状の中で今日、「調査報道」こそが、ジャーナリズムの最大の武器ではないだろうか。すでにアメリカでは、新聞もテレビも淘汰され、「調査報道」の舞台もインターネットに移っている。既存のマスメディアは、変貌を遂げようとも、ジャーナリズムは不変であり、「調査報道」は不滅であるように思われる。

第10章　調査報道と表現の自由
――調査報道の条件と可能性を探る――

上智大学　田島泰彦

本章では、調査報道をめぐって、福島原発報道も含めジャーナリズムにおけるその位置と現状を手短に記した後、表現規制をはじめ表現の自由をめぐる動向と論点を中心に、積極的な「表現促進」法制も含めて考察を加え、最後にネット時代におけるそのあり方にも触れ、これらをとおして調査報道の条件と可能性を探ってみたい。

1　ジャーナリズムのなかの調査報道

調査報道の現状と課題

日本のジャーナリズムにおいてメディアの「調査報道」が重要な役割を果たすべきことが指摘

されて久しい。調査報道とは、政府・官庁などによる発表情報をもっぱら伝えるという形をとらず、ジャーナリストやメディアが独自の議題設定と取材、調査に取り組み報道する手法のことを指している。この点では、立花隆氏による田中金脈報道や朝日新聞社によるリクルート事件報道など貴重な歴史的経験も蓄えられてきたのも確かとはいえ、日本のメディアやジャーナリズムがそうした調査報道に多く取り組んでいるとは言い難く、むしろ報道の大勢は政府等の発表情報に安易に依存し（「発表ジャーナリズム」）、ジャーナリズムに本来期待される権力監視機能と国民の知る権利の充足が弱化しているのではないかという厳しい批判が向けられてきた。

ジャーナリズムの活性化と再生のためには、発表報道から調査報道への重点の転換が求められる。先に触れたように、全国紙や地方紙、さらにテレビ報道も含め、日本のメインストリームメディアは、政府・自治体や大企業などが発表、提供した情報を伝えるいわゆる発表報道に多く依存している現実がある。この国で何が問われ、どこが問題なのかの議題設定を含む報道のイニシアティブはメディアには必ずしもなく、情報源である権力や企業が握ることになるわけだから、これでは権力に対する監視、チェック機能はまっとうできず、むしろ情報の操作や誘導の温床になる。

共同通信再加盟や地方紙との連携を強めようとしている毎日新聞を含め、新聞界にも、発表報道とは離れてメディアが独自に事実を取材し、伝える調査報道重視の動きが見られないわけではないものの、これを徹底していくことが肝要なのに、現実になっていない。記者クラブへの抜本的な再検討も加えつつ、当面、そこへの記者の配置を最小限にとどめ、多くを調査報道に向け転換することが新聞をはじめとするメディアに求められる。

福島原発報道で問われる調査報道とジャーナリズム

日本を襲った3・11の大震災は、二〇〇一年の9・11アメリカ同時多発テロとともに、現代の私たちの社会のありようにさまざまな根源的な問題を投げかけているが、日本のメディアやジャーナリズムにとってもそこを免れないと私は感じる。特に、特に震災に伴う福島原発事故をめぐる報道のあり方については、今後詳細な検証が求められることになろうが、ここでは現時点で私が痛感した率直な感想を記しておきたい。安全神話が崩壊した原発の惨状を私たちに印象付けたが、それとともに、あるいはそれ以上に、原発を伝える日本のテレビや新聞などのメインストリームメディアの報道も惨状そのものと言わざるを得ない。

何よりも調査報道の観点から眺めると、メインストリームメディアによる福島原発報道はまさに発表報道のオンパレードであり、政府（官房長官や原子力安全・保安院職員など）や東京電力による会見等の発表をほぼそのまま伝え、解説するというスタイルが報道のベースであり、大きな流れになっている。これでは、かつての「大本営発表」報道とどこが違うのか。

当局の発表を鋭く問いただし、批判的に吟味、検証し、伝える役割が果たせないだけでなく、発表報道から離れて福島原発をめぐる実態に迫るべく、メディアが独自に取材し、伝える調査報道は全体としてきわめて少ないと言わざるを得ない。この傾向はとりわけテレビ報道に顕著だが、新聞報道も例外ではない。

そのために、メディアは政府や東電に事実の情報公開を強く迫らず、事故の重大性や放射能の危険性を過小に発表する当局の主張を無批判に伝え、事故と原発推進政策をめぐる政府や東電の責任を厳しく追及する姿勢も希薄だ。ジャーナリズムの魂である真実の探求も、権力の監視も消え失せてしまったわけだ。

発表報道の横行のなかで、もう一つの現象として、主要メディア、特にテレビは、報道の公平、公正をかなぐり捨てて、きわめて少数の例外を除き、放送局員や外部のコメンテーターなど局の内外を問わず、むき出しの原発推進、容認派に占拠された観がある。もともと、公平、公正の理念については、放送法で義務付けられている放送局はもちろん、社是などとして掲げる新聞社も少なくなかった。

にもかかわらず、新聞報道の中には、事故や放射能の危険性、重大性を伝える記事や識者コメントも散見されるものの（この点では特に、東京新聞特報面の健闘が光っている）、テレビに出演する記者や解説者、コメンテーター、研究者の多くはこれまで原発業界やそれを代弁する政府、官僚、政治家などと密接に関わってきた人々であり、事故後も原発を疑わない立場から、政府や東電の主張を鵜呑みにし、事故や放射能を過小に評価し、安全性を強弁する言説を連日垂れ流してきた。言論の公平、公正や多様性の建前はいったいどうなってしまったのか。

調査報道を欠落させ、発表報道をひたすら続ける一方、言論の公平、公正や多様性を捨て去り、一方的、一面的な報道に傾斜してきたメインストリームメディアの原発報道は、ジャーナリズムの存在意義と真価が根本から問われている。

2　調査報道を脅かす表現規制

権力や企業などによる不正や犯罪などに迫る調査報道は、権力を監視し、市民の知る権利に応える上でジャーナリズムの重要な任務であるにもかかわらず、追及されるべき情報を権力や巨大組織の側が秘匿し、メディアの取材や報道のコントロールを図ろうとしたり、取材源の秘匿の制約など報道する側に重大な制約や困難を強いる場面が少なくない。

調査報道を守り抜き、読者・視聴者の知る権利を満たすためには、表現の自由が手厚く、できる限り広く保障されることが求められる。一般に、自由で民主的な社会ではメディアやジャーナリズムにとって表現の自由が必要なのは言うまでもないが、とりわけ調査報道にとっては必須の前提であり、不可欠な条件である。個人情報保護法を含む近年のメディア規制三法ないし三点セットをはじめ、調査報道やジャーナリズムを脅かす表現規制、メディア規制は膨大で、多くの論点を含むが、ここではその中から特に調査報道にとって重要で、特徴的な傾向を示すものをいくつか取り上げ、検討してみたい。

名誉毀損法の組み直し

調査報道の桎梏になっている要因の一つに、名誉毀損の免責をめぐる法理がある。人の社会的評価が低下すれば名誉毀損は簡単に生ずるため、表現の自由との調整を念頭に、一定の条件をクリアーすれば名誉毀損の責任を免除する手立てが立法や判例で認められてきた。現在の枠組みは、名誉毀損を免れるためには、①公共の利害関連性（提示している事実などが公共の利害に関わっているかどうか）、②公益目的性（表現や報道の目的が公益を図るものといえるかどうか）、③真実性（提示した事実が真実といえるかどうか）ないし真実相当性（たとえ真実性が証明できなくとも、真実と考えてももっともと思える理由や根拠があるかどうか）という三つもの要件を証明する責任を、表現する側、報道する側に負わせるというものである。

このように、立証責任を報道側に負わせ、しかも証明しなければならない条件を多く、高く設定しているため、疑惑や問題などを報じられる公務員や政治家に有利な構造となっている一方で、報道機関やジャーナリストは過大な負担を強いられている。表現の自由に依拠する調査報道の趣旨からすれば、メディアやジャーナリストに要請される真実性や相当性の証明のあり方について、最大限の配慮と現行法理の抜本的拡張が求められるべきである。

具体的には、権力犯罪も含む調査報道にあっては、内部告発的な取材源による情報提供は特に重要であるので、裁判所の判断に見られるような取材源の秘匿を理由に真実性や相当性を安易に退けるのではなく、取材源による情報提供の趣旨をできる限り配慮し、尊重する司法判断が要請される。また、調査報道の公共性、公益性の強さや重要性を考えると、真実性、相当性はきわめて緩やかな形で認められるべきであって、例えば取材や裏づけにつき報道側で一応の証明ができれば、その立証責任は満たされると判断すべきだし、それに不服の場合は、調査報道の対象となっている政治家や役人などの公人の側で反証の立証を負わせるようにすべきではないか。さらには、そもそも真実性や相当性の立証責任自体を公人の側に負わせるように徹底すべきである。

より根本的には、名誉毀損の免責をめぐる現行法理の抜本的な見直しが必要だ。日本の枠組みでは、政治家や公務員など報じられる公人の側が、報道側の「現実の悪意」を証明しなければならないとするアメリカ合衆国と根本的に事情が異なる。アメリカでは、報道側が虚偽と承知で、あるいは嘘か本当かをきちんと確認しないで報じたかのいずれかを、公人の側が証明しなければならないとする法理が形成され、公共的な議論の自由を最大限保障している。

アメリカに比べ、日本では公人や公共的議論についての表現の自由は広く保障されているとは言い難いのが実情である。調査報道をはじめとする民主主義社会における表現の自由の重要性を考えると、アメリカにおける「現実の悪意」の判例法理は、アメリカのみならず日本においても十分説得的であり、普遍性をもちうる考え方である。

少なくとも、報道対象が公人の場合には、「現実の悪意」の立証責任を報道側ではなく、公人の側に負わせるように民事名誉毀損の免責法理を根本的に改めることが求められよう。そして、立証すべき対象も、調査報道など公共的表現の自由を徹底する上では、アメリカの法理のように、虚偽を承知の報道や嘘や本当かの裏づけ確認の欠如などの高いハードルを設定するのが望ましいだろう。

個人情報保護という規制枠組み

二〇〇三年、表現・メディア規制の象徴とも言える個人情報保護法が可決成立し、二年後の〇五年には全面施行された。この法律は、個人情報を取り扱う一定の者を「個人情報取扱事業者」として、個人情報の適正な取得・管理、個人データの公表、本人情報の開示・訂正・利用停止、苦情の処理など一連の義務を課す一方、主務大臣による取扱事業者への改善・中止命令権や命令違反への処罰など政府に対して強力な権限を付与している。報道機関については、報道目的で取り扱う個人情報に限り、義務的な規制から除外される。

成立した個人情報保護法制は、市民の表現・コミュニケーションとともに、調査報道をはじめメディアやジャーナリズムの取材・報道に国家が介入、規制する重大なツールとなる危険がある。法制の基盤となっているのが「個人情報」の保護というコンセプトであるが、この点で、「個人情報」保護という概念と、伝統的な「プライバシー」保護の観念を明確に区別する必要がある。両者は重なるところがあるのはもちろんだが、基本的には別物と考えるべきである。一般に「プライバシー」は、従来、メディアの取材・報道などとの調整概念として裁判所により探求・提示されてきた観念で、これはいわば表現の自由や報道の自由を踏まえた本来限定的な概念である。たとえば、私事性や非公知性の要件、非公開の一般人基準などがプライバシーの範囲を枠付けてきた。

ところが「個人情報」という括り方は、こうした伝統的な「プライバシー」とは異なり、そうした限定性を欠き、識別可能な個人について、公人私人の区別もなく、その一切の情報を包括し、内部の管理も含め収集から利用まであらゆる段階の取扱いの局面を規制し、本人に開示・訂正等の積極的な請求権を付与し、情報の管理者にそれに応じる重い負担を義務づけるなど、はるかに広範で強力な規制を要請しているのである。

個人情報保護法が立法化されたということは、メディアも含め、私たちの社会は、プライバシーをはるかに超える規制を及ぼすこうした個人情報保護法制のもとに置かれることを意味する。いわばこれは、「プライバシーの個人情報化」という事態である。立法におけるこうしたプライバシーの拡大、肥大化は、訴訟の場面でもそうした傾向をさらに促進、助長することになるし、いくつかの事例で現にそうした傾向が確認できる。

調査報道も含むジャーナリズムの観点からは、このようにプライバシー保護とは明らかに次元を異にする個人情報保護制度はそもそも表現やメディアとどう関わるのか、原理、原則に遡っての徹底的な吟味が求められたはずであるが、この作業と認識は立法化の進展の中できわめて不十分なままに残された。しかし、政治家や役人、企業幹部などから有名人、市民、犯罪者に至るさまざまな個人の活動を取材し、報道するジャーナリズム、なかでも権力による不正や犯罪を含む調査報道が、追及、探求の対象となっている当事者の「プライバシー」ではなく、はてしなく広い「個人情報」の保護を理由に妨げられ、制限されるとしたら、表現の自由や報道の自由は有名無実となり、市民の知る権利も満たされないことになる。

そもそも、個人情報保護の仕組みは、膨大な個人情報をコンピュータにより収集・管理・利用する政府を縛ることを何よりも目的とし、それに準じて規律が必要な一定の民間部門にも規制を広げようとする制度なので、この仕組みを表現活動やジャーナリズムの取材・報道を規制することために使うこと自体が筋違いであり、間違っている。調査報道をはじめとする取材・報道との調整は、表現の自由を踏まえて、「個人情報」の保護ではなく、より限定的な「プライバシー」の法理で行うことが必要だ。

情報源への遮断と規制

今日の表現規制で注意しなくてはならないことは、規制のあり方がより巧妙に、ソフィストケートされ、わかりにくくされていることである。その一つの現れは、規制のターゲットにある。表現のアウトプットの最終局面でのあからさまな規制も一方で目に付くのもたしかだが、今日の規制は表現の前段階の取材へ、しかも取材自体というより、取材対象への規制・制約や情報源の遮断、抑圧という形で実質的な取材制限、情報の遮断を図る手法へと、多くの場面で規制の矛先が向けられていることである。

取材源や情報源に対するジャーナリストや記者のアクセスが抑止、禁圧され、遮断されることは、報道の内実を形骸化し、掘り崩すことに他ならず、ジャーナリズム、とりわけ権力や社会的強者の不正や犯罪を告発する調査報道にとっては、不可欠の前提と手段が奪われかねない事態である。

具体的には、立法とその運用に即して言えば、個人情報保護法を理由とする公務員名や事件・事故の被害者等の匿名発表、犯罪被害者等基本法とそれに基づく犯罪被害者等基本計画による犯罪被害者に関する警察の匿名発表、裁判員法に定める裁判員等への接触禁止などがこれにあたる。例えば、個人情報保護法を援用、利用した規制は、取材・報道主体への直接的な規制というより、取材・情報源である行政機関等による情報開示を制限し、その回路を狭めることによりメディアの取材・報道を実質的に制限するという意味をもっている。

二〇〇五年四月から個人情報保護法が全面施行され、猛威を振るっている。特に、行政機関など個人情報を収集・管理する機関が、「個人情報」の保護を名目に、公共的意味をもち、市民に本来開示・公開されなければならないはずの公務員や公務に関する情報、事件・事故などに関する被害者や犠牲者等の基本情報、医療・福祉・教育などに関する情報などが広く隠蔽・隠匿され、異常な「匿名社会」的状況が招来されつつあるからである。ここでの規制は、取材・報道主体への直接的な規制というより、取材源である行政機関等による情報開示を制限し、その回路を狭めることにより調査報道を含めメディアの取材・報道を実質的に制限するという役割を果たすことになり、許されない。

あるいは、草薙厚子さんが著書『僕はパパを殺すことに決めた』で引用した少年の供述調書に関わって、情報源となった精神科医が逮捕され、起訴されたケース（二〇〇七年）も、乱暴で露骨な権力介入の典型例と言える。情報提供源である鑑定医が強制起訴を受け、起訴されるということは、今後情報提供者に絶大な萎縮効果をもたらし、取材の自由とそれを実質的に支える報道・出版の自由を著しく狭めることになる。ジャーナリストや記者の貴重な情報源である取材対象の情報を萎縮させ、公共的な意義のある情報の回路を狭め、枯渇させてしまうこのような規制は、記者やジャーナリストを逮捕、起訴しなくてもそれだけで絶大な効果をもち、調査報道をはじめ言論・報道の自由を実質的に形骸化させるにあまりある事態であって、認められるものではない。

損害賠償の高額化

講談社発行の『週刊現代』の大相撲八百長疑惑を報じた記事をめぐる名誉毀損訴訟で、東京地裁は二〇〇九年三月二六日、総額四二九〇万円の支払いなどを講談社と記者に命ずる判決を言い渡した。東京地裁が命じた今回の賠償金額は、この種の訴訟では史上最高である。

名誉毀損に対する損害賠償額は、従来、一般にせいぜい数十万から一〇〇万円程度にとどまっていたと言われてきたが、それが一挙に変り、著名人のケースなどを中心に、メディアに五〇〇万円を超えるような高額な損害賠償を課す判決が続出し始めたのは二〇〇一年からのことである。その契機になったのが、女優の近隣トラブルをめぐる週刊誌『女性自身』の記事に対して五〇〇万円の損害賠償を命じた同年二月二六日の東京地裁の判決だった。その後、プロ野球選手を扱った『週刊ポスト』のケースで一〇〇〇万円の支払いを命じた東京地裁判決などが続くことになり（同年三月二七日）、以後高額化判決の流れは今日ではすっかり定着し、五〇〇万円を超える賠償を言い渡す判決例も稀ではなく、数十件を数える。

賠償金額がこれだけ高額になると、自由な表現活動に支障をきたすおそれがある。つまり、そうなると、訴えられそうな批判的な表現や報道は避けたり、報じなくなったりするおそれや傾向が強まる。調査報道の主要なターゲットとなる権力や金を持つ強い立場の人間からすれば、うるさいジャーナリストやメディアを黙らせるうえで絶大な効果をもつ。損害賠償の高額化は、表現・報道の自由を不当に制約することによって、調査報道の萎縮や制限、抑止などをはじめ、ジャーナリズムとして求められ、期待される仕事が、いっそう困難になりかねないことを意味する。

昨今の高額化の動きをみてみると、名誉毀損と表現の自由の法理の枠組みにはまったく手を触れず、賠償額だけを高額化する方向になっており、納得がいかない。まず、免責の範囲など従来の表現の自由の保護が十分かどうかを批判的に吟味しつつ、損害賠償の高額化を議論すべきである。高額化だけを一方的に求める議論は、表現規制、メディア規制と同じ効果をもたざるを得ず、ジャーナリズムや調査報道に困難をもたらす以外の何者でもない。

本節の冒頭にも記したように、アメリカでは「現実の悪意」の法理によって、公人を対象とする表現の自由の範囲がはるかに広く保障されている一方で、日本では公人や公共性論議についての表現の自由は広く保障されているとは言いがたいのが実情である。免責の範囲を広げ、表現の自由の余地をアメリカ並みに近づける議論と改革を進めていくなかで、賠償額の如何を検討すべきである。

また、名誉毀損の救済については、損害賠償の問題だけでなく、反論権などの法的な救済策の検討とともに、放送と人権等権利に関する委員会や新聞・通信各社の第三者機関など自主的なレベルでの社会的救済メカニズムも視野に入れて、報道と人権をめぐる救済のあり方全体の中で位置づけ、論ずることにも留意が求められる。

3　調査報道を支える「表現促進」法制

調査報道を実現するためには、取材・報道の自由の保護と保障が不可欠であり、前節で示したように、これを不当、過剰に制限し、規制を加える立法や司法判断などの悪法措置を克服し、抜本的な改善、改革が求められる一方、こうしたネガティブな局面の除去、緩和を超えて、調査報道を前に進めるべくより積極的にこれをサポートし、助長するポジティブな法的手立てとなる「表現促進」法制の充足が求められる。

ここでは、情報公開の徹底、取材源秘匿の確立、内部告発保護の強化という三つの論点に即して、現局面の一端を手短に触れておく。

情報公開法の徹底と法改正

長年懸案だった情報公開法が一九九九年に国会で可決成立し、二〇〇一年から施行されることになった。公開法は、全体として従来の自治体の条例や外国の制度に比べても見劣りのしない一定の水準を示すものだが、問題点や課題も少なからず抱えていることも否めない。政権交代を経て、民主党政権のもとで情報公開法の改正に向けた動きが進められ、政府の「行政透明化検討チーム」の法改正の見直し案もまとめられた。ここでは、情報公開というイッシューについて特に、メディアやジャーナリズムの観点からどう考えるべきか、問題を提起しておきたい。

言うまでもなく、情報公開法や情報公開条例の制度化は、民主社会にとって欠かすことのできない仕組みであるだけでなく、記者クラブの閉鎖的で特権的なそのあり方の合理性を問い、その積極的な活用は、国内外の実例が示しているように、社会的事件や問題の発掘や丹念な調査報道を可能にするなど、従来の発表報道中心の手法、スタイルを克服する上でも、ジャーナリズムにとって積極的な意義をもっている。

情報公開の法や条例のあり方は、市民の立場からだけでなく、ジャーナリストや記者の観点からも、「公開原則」の拡充と徹底が求められる。政府の情報公開法改正見直し案でも、知る権利の明記やインカメラ手続き（裁判官が非公開の場で文書を閲覧して判断する仕組み）、防衛や公安情報など不開示情報の範囲限定化など改正に向けた重要な論点が含まれており、それぞれ官の側からの抵抗を退けて、公開原則の徹底を進めていく必要がある。

とりわけ、普通の市民と同じく、組織的、財政的な支えの乏しいフリーのジャーナリストにとっては、開示請求の手数料の廃止や、コピー費用など実施手数料の引き下げは実際上とても重要だ。また、大量請求を理由に権利濫用などとして開示請求を安易に退けようとする行政運用も見られるが、これは公開原則に真っ向から反し、調査報道の桎梏ともなりかねない由々しき事態であり、もとよりこれに手がかりにして法令に明記する方向は論外である。

なお、以上のように、メディアやジャーナリズムの立場からも、情報公開法の強化と拡充が求められているのは確かだが、当のメディア自身も市民や社会に向かって自らの透明性を確保し、情報の公開を迫られているという課題もまた自覚する必要がある旨を付け加えておく。

取材源秘匿法制の確立

調査報道をはじめジャーナリズムの活動のため取材・報道の自由が確保される上で、取材源の秘匿が欠かせないことについて、ジャーナリズムの現場に異論はなかろう。にもかかわらず、この国の一つの問題は、こういうジャーナリズムの根本ルールが法制度によって必ずしも確立されていないことである。訴訟法には、弁護士や医者の場合と異なり、記者やジャーナリストが取材源秘匿のため証言拒絶の権利をもつことを明記する規定がないことにもその一因があるのだが、そのため、従来裁判所の判断も一様でなかった。例えば、刑事訴訟の場面では、最高裁は記者の証言拒絶権を認めない判断を一九五二年に示してきた一方、民事訴訟については、記者の証言拒絶を容認する下級審の判例も見られた。

そういうなか、二〇〇六年、最高裁は米国企業の日本法人の所得隠しを伝えた報道をめぐる民事訴訟について記者の取材源秘匿のための証言拒絶権を認める初の判断を示した（一〇月三日の第三小法廷決定）。決定では、取材源の秘密は取材の自由を確保するために必要であると位置づけられており、記者は原則として取材源秘匿のためには証言を拒絶できる旨明示された。取材源秘匿のための記者の証言拒絶を認めた最高裁の決定は、憲法の表現の自由を前提とすればきわめて当然の司法判断に過ぎないが、表現・メディアに対する規制が広がりを見せ、規制が常態化しつつある今日では、この当たり前の判断が示されることに意味がある。

取材相手が公務員であれ、犯罪人であれ、取材により真実を引き出し、報道するのがジャーナリストの任務である。取材源の生命、身体、利益のため、秘密を条件に情報を託されることは通常ありうることであり、内部告発者が形式的な守秘義務に違反しても、取材、報道が公益の観点から必要であれば、正当化されることは、取材対象者との信頼を確保する上でも、また憲法で取材・報道の自由が保障される限り、もとより当然である。もし記者の証言が強制され、情報源の秘匿が破られてしまうと、調査報道をはじめ、取材、報道の現場では信頼関係や取材の自由はもとより、報道の自由そのものも萎縮し、国民の知る権利も損なわれることにつながりかねないからだ。この点、刑事事件で秘匿権を否認した以前の最高裁決定は、民事事件でこれを認めた今回の最高裁決定の説得的な論旨を踏まえると再検討の余地がある。

取材源秘匿をめぐっては、一九九〇年代半ばに民訴法改正の際、日本新聞協会などメディアは記者の証言拒絶権明示の提案に消極的な姿勢を示し、その結果改正民訴法に明記されなかった経緯があったが、この対応の妥当性が厳しく問われなければならない。取材源の秘匿と証言拒絶権をより確実に保障する上では、裁判所の判例による承認にとどまらず、取材源秘匿を認めた最高裁の司法判断も踏まえて、民訴法や刑訴法などの立法にこうした権利を明記する必要がある。

他方で、取材源秘匿や証言拒絶のルールは絶対的なものではなく、他方での情報源の明示ルールや署名記事など、記事の透明化の要請とも適切に整合し、折り合いをつけなければならない。ジャーナリズムの立場からは、記事の正確性、透明性、信頼性などの確保のためには、情報源の明示の原則、ルールを欠かしてはならないので、この観点からすれば、取材源秘匿の範囲は無限定ではありえず、生命の保護や重大な不利益回避など秘匿が正当化される場面に限られることになろう。

内部告発保護の抜本強化

食品偽装や政治家のカネ疑惑など、これまでひたすら隠され、閉ざされてきた権力や企業などの不正や犯罪などの重大な事実が、内部告発によって公になり、市民や社会に共有され、公共の議論や決定の対象となることは、民主主義の運営に大いに資することになる。ここでは、メディアとの関わりをはじめとする内部告発をめぐる法的保護の枠組みを中心に記してみたい。

組織の不正を暴く内部告発は、権力の監視を担うジャーナリズム、とりわけその調査報道と目的や役割の点で重なり合うところが多いだけでなく、内部告発は調査報道にとって不可欠の存在と言っても過言ではないので、メディアやジャーナリズムはこうした内部告発を重視し、これを積極的に受け入れ、自らの取材、報道に活かしていくことが強く求められる。

米英をはじめとする欧米諸国では、近年、内部告発が果たす重要な役割を踏まえて、内部告発者を保護するための法整備が進められてきたが、日本でも二〇〇四年、公益通報者保護法が成立し、〇六年から施行された。この法律は、内部告発を行った労働者が雇い主である企業などの事業者から解雇や不利益な取り扱いをしないよう保護することを目的としている。法律ができたこと自体を評価する向きもあるが、内部告発者の保護がきわめて不十分であるだけでなく、むしろ逆に、「内部告発防止法」、「事業者利益優先保護法」になっているのではないかとの厳しい批判も向けられている。

というのは、公益通報（告発）の対象となっているのは法律等で定める犯罪や刑罰を予定している法令違反行為に狭く限られていて、その中には脱税や政治資金規正法違反は含まれていないし、通報者の範囲は労働者に限られ、取引業者は含まれておらず、通報者に対する不利益取り扱いをした事業者や通報を妨害した者への刑事罰や行政罰は用意されていないし、通報者に人事異動等により人事行為の形で報復、仕返しをすることも禁止じられておらず、通報に関わる情報の持ち出しについて刑事制裁（窃盗罪）や損害賠償（不法行為）の手段により通報者の責任が追及される余地を残しているし、匿名による通報も認められる可能性は少ない、など内部告発者の保護に欠け、事業者の利益を重んじる傾向が強いからである。

特に、メディアとの関係では、メディアへの通報に対して過重な制限を加えている点が重要だ。そもそも、公益通報者保護法の枠組みとして、(1)企業など事業者内部、(2)監督官庁などの行政機関、(3)メディアや消費者団体など事業者外部という三つの通報先が定められ、それに応じて異なる所定の保護要件が設けられている。

すなわち、(1)の事業者内部への通報の場合は、①不正の目的でないこと、②法令違反行為があると思料されることという要件が、(2)の行政機関への通報では、①に加えて、②法令違反行為があると信ずるに足る相当の理由（真実相当性）があることという要件が、それぞれ満たされれば保護される。他方で、メディアも含む(3)の外部への通報の場合には、(2)での①②に加えて、一定の要件、例えば、内部や行政への通報では不利益な取り扱いを受ける、内部通報では証拠隠滅のおそれがある、人の生命、身体への危害が発生する急迫した危険があるなど規定された五項目のいずれかに該当することが必要で、保護のハードルがきわめて高くなっている。

内部通報や行政機関への通報では内部告発が有効に働きにくい一方で、もっとも期待されるべきメディアへの通報には多くの制限が加えられ、保護が受けにくいというのは本末転倒である。公益通報保護は、労働者の表現の自由の行使であり、調査報道をはじめメディアの取材・報道の自由を支える行為であるから、メディアへの通報に制限を課すことは許されない。この点とともに、先に記した諸々の問題点も含め、公益通報者保護法の抜本的組み直しが求められる。

4　ネット時代のジャーナリズムと調査報道――むすびに代えて

本章では、調査報道を脅かす表現規制の問題点とその克服、逆に調査報道を支える積極的な「表現促進」法制の現状と課題などを中心に、主として表現の自由をめぐる観点から、調査報道の条件と可能性を探ってきた。これも踏まえて、最後に、ネット時代を迎えてジャーナリズムや調査報道はどうあるべきかという重要なテーマを、尖閣ビデオ流出事件や告発サイト「ウィキリークス」の活動などを例にとりつつ、私なりに問題を提起し、むすびに代えて本章を閉じたい。

近年、尖閣ビデオやテロ関連捜査資料などのネット流出、ウィキリークスによる米外交文書の公表など、非公開の政府情報がネットを舞台に駆け巡り、新聞、テレビなどのメインストリームメディアも多かれ少なかれそれを伝えていくという新しい事態が生まれつつあるが、こうしたネットを通した情報の公表は、基本的には市民の情報へのアクセスの回路を増やし、情報公開を広げる意味で積極的に受け止めるべきだと考える。

新聞をはじめとする既存ジャーナリズムは、ネットに流される生の情報の真贋を吟味し、報道に値するかどうかも含め主体的に判断しつつも、ネットを敵視するのではなく、ネットにより提供、公表される情報を深く分析し、解説を加え、提起された問題の意味や位置づけを付与するなどプロフェッショナルとしてのジャーナリズムの役割を担うことが期待されている。例えば、実際既に進められつつあるように、内部告発サイトたるウィキリークスなどとも積極的、緊密に連携し、新興のネットメディアと既存のジャーナリズムがお互いあいまって新しい調査報道の可能性を探り、豊かにしていくことが求められる。

また、尖閣ビデオを公開せず、逆に情報保全体制の強化を図ろうとする菅政権や内部告発に強硬姿勢をとるオバマ政権、ネットに流出した捜査資料の出版を差し止める裁判所など、情報の公開や報道・出版の自由に逆行する情報・言論統制の動きに対して、ジャーナリズムはこれと正面から対峙し、批判を強めることが欠かせない。とともに、本章でも見てきたように、調査報道を脅かすさまざまな表現規制を克服し、逆に調査報道を支える内部告発や取材源秘匿のための保護法制の強化と情報公開法の拡充・徹底のために、ネットや市民とともに全力で努力する必要がある。

編者紹介

田島泰彦（たじま・やすひこ）

1952年埼玉県生まれ。上智大学文学部新聞学科教授。憲法・メディア法専攻。放送と人権等権利に関する委員会や毎日新聞社「開かれた新聞」委員会などの委員を歴任。著書に『人権か表現の自由か』（日本評論社）、『この国に言論の自由はあるのか』（岩波書店）、編著に『ジャーナリストが危ない』、『超監視社会と自由』（共に花伝社）、『新訂 新聞学』、『表現の自由とプライバシー』（共に日本評論社）、『裁判員制度と知る権利』（現代書館）、『現代メディアと法』（三省堂）など。

山本　博（やまもと・ひろし）

1942年東京都生まれ。早稲田大学第一商学部卒業。北海道新聞記者を経て、1970年、朝日新聞本社入社。平和相互銀行事件、東京医科歯科大学事件、KDD事件、談合キャンペーン、三越ニセ秘宝展事件などの報道に携わり、リクルート事件報道で米国調査報道記者・編集者協会賞とJCJ賞を受賞。新聞協会賞2回受賞。著書に『朝日新聞の「調査報道」』（小学館文庫）、『ジャーナリズムとは何か』（悠飛社）など。

原　寿雄（はら・としお）

1925年神奈川県生まれ。東京大学法学部卒業、㈳共同通信社入社。社会部、バンコク支局長、外信部長を経て、77年に編集局長、85年に専務理事・編集主幹。86年から㈱共同通信社社長。94年、民放連放送番組調査会委員長。著書に『ジャーナリズムの思想』『ジャーナリズムの可能性』『ジャーナリズムに生きて』（共に岩波書店）、『デスク日記』（全5冊、みすず書房、筆名＝小和田次郎）、『新聞記者の処世術』（晩聲社）ほか。

調査報道がジャーナリズムを変える

2011年6月3日　初版第1刷発行
2011年8月8日　初版第2刷発行

編者 ――― 田島泰彦
山本　博
原　寿雄
発行者 ―― 平田　勝
発行 ――― 花伝社
発売 ――― 共栄書房
〒101-0065　東京都千代田区西神田2-5-11出版輸送ビル2F
電話　03-3263-3813
FAX　03-3239-8272
E-mail　kadensha@muf.biglobe.ne.jp
URL　http://kadensha.net
振替 ――― 00140-6-59661
装幀 ――― 黒瀬章夫（MalpuDesign）
印刷・製本 ―シナノ印刷株式会社

ISBN978-4-7634-0603-3 C0036